那些案件，如果能遇見這樣的法官

正義之後、審判之外的
法庭人情故事

長嶺超輝・著
王美娟・譯

「審判他人之人」所下的三十個睿智判決——序言

充滿魅力的法官是存在的

誰也料想不到人生會發生什麼事。假如有一天，自己誤入歧途犯下罪過，或是出了什麼差錯而被警察逮捕、遭檢察官起訴時……我內心有「想給這個人審判！」的法官人選。

實際上被告是無法選擇法官的，所以這是個無法實現的願望。不過，世上確實存在著具備看穿事物本質的智慧，並且能用真心實意的話語開導被告，引導對方走向美好人生的法官。

藉由真實案件與法庭上的對話，將這類「想給他審判的法官」不為人知的魅力傳播出去，是這本書的任務。

我不僅在日本各地旁聽、採訪了三千多個案件的審理，而且平時就很關注與審判有關的新聞報導，因此敢自信滿滿地說，本書的內容絕對是真材實料，能讓各位感受到那些法官的魅力。

印象不深的法院，以及看不到臉的法官

法官是大家都很熟悉、就連小學生都知道的職業。不過，在日本卻找不到長相與姓名廣為人知的法官。

說起在電視上看到法官的機會，頂多就是新聞節目所播放的、審判開始前短短幾秒鐘的畫面吧。而且出現在畫面上的法官，猶如民間工藝裝飾品一般目不斜視，一動也不動。

這是因為在日本，電視臺的攝影師只准在開庭前的兩分鐘內，將法官靜止不動的景象錄影下來，讓人不禁想吐槽：「既然畫面裡的人都不動，何不乾脆拍照就好了？」

從法官的角度來說，他們似乎也希望保持低調，不為社會大眾所認識。事實上，絕大多數的法官都是嚴肅地解決案件，完全不會多說與判決無關的話。這是因為不將自己的個性展現出來，比較能保持神祕感與權威。

此外，法官也是一份有可能因自己做出的判決而招人怨恨的工作，所以他們往往覺得增加知名度對自己沒有好處。

但也因為如此，日本的法院沒什麼存在感，於是社會才容易形成這樣的氛圍：將遭警

察逮捕的嫌疑犯視為真正的犯人，忽視當事人的解釋，一味地批評譴責嫌疑犯，等到審判終於開始時卻早就把這起案件忘得一乾二淨，轉而關注新發生的其他新聞。

法院裡獲得好評的法官

絕大多數的法官都不太會認真聆聽被告說的話。此外，不知是否因為我們一般人鮮少關心審判，導致法官在審理時懈怠了，就連訊問都只是走個過場。與被告或案件有關的特殊情事，法官往往嫌麻煩而視若無睹，直接套用近期的判例做出判決。

這是因為在日本，法官若是越快處理完自己負責的眾多案件，就越容易升遷。不會累積該處理的案件，又能比別人解決更多案件的能幹法官，獲得的評價越高。

不過，除非任何案子都套用固定的模式去處理，否則案件量一定消化不完。如果審判套用固定的模式，就能在判決出來之前進行一定程度的預測，因此辯護人或檢察官容易在事前採取對策。

事實上，如果要法官深入了解案件相關人士的心情會沒完沒了。假如每次寫判決文時都要投入自己的感情，可是會浪費不少時間與勞力。所以，越能像流水線作業一樣冷淡地處理一件又一件案子的法官，越能獲得「優秀」的評價。

但是，如果真那麼講求套用過去的模式進行審判，那麼把案件交給ＡＩ（人工智慧）審理，豈不是比人還要快速又正確嗎？

「由人審判人」——法庭的作用

在法院的法庭審判人的，既不是全知全能的神，也不是能夠分析巨量大數據的ＡＩ，而是活生生的「人」。對於身為「審判他人之人」的法官，我們應該期待他扮演什麼樣的角色呢？

我想透過這本書介紹的是「連做出判決後的情形都納入考量的法官」。因為我期待這種把自己的升遷暫放一邊，每天為了維護我們所生活之世界的和平而面對審判的法官，能夠消除現代那股不安定的氛圍，支撐未來充滿希望的日本社會。

這樣的法官並不倚仗司法權威，而是以一個活生生的「人」之立場，在對等關係下與被告面對面。他們會深入探究犯罪背後的悲傷隱情，也會試著體會當事人的心情。

這是因為，他們希望眼前那位接受審判的被告真心反省，將來再度回歸社會後，能夠積極發揮自身的作用。

在審理犯罪的法庭上，以被告與法官這層關係相遇，也是一種人與人之間珍貴的「緣分」。因此，這類法官一直很努力在容許範圍內，盡可能與被告建立深入的關係。

可惜，日本的法院並無高度肯定這類法官、起用他們擔任重要職位的制度。如果在做出判決之前都要費時費力去思考該如何引導被告深刻反省、要說什麼才能打動被告的心，並且花時間聆聽被告的說詞，就沒辦法快速地解決案件。

所以，日本才會發生這種不合理的現象：法官越是認真考量被告的未來，在法院進行人事考核時反而越不利。

就是出於這個原因，我才想讓各位更加認識這些將司法機關的內部評價擺到一邊，盡量以減少未來的犯罪為優先考量的法官。

刻意以法官為「主角」

當然，負責協助「犯罪者未來能夠回歸社會，不再犯罪」這種事的人不只法官一個。

・在犯罪者重回正軌的過程中定期訪視的保護司或保護觀察官（譯註：相當於我國的觀護

人。保護司與保護觀察官皆為國家公務員，不過前者屬於志工性質，無薪俸。）

・在犯罪者找到住處或工作之前，照顧其生活的更生保護設施
・專門協助戒除非法藥物、庇護有前科者的DARC（戒毒中心）
・積極僱用有前科者到自家公司任職的協力雇主

……諸如此類，我非常清楚各個領域都有許多專家與專業機構，不過本書特別以「法官」為主題。這是因為，能夠為誤入歧途的犯罪者製造機會，讓他們重回正軌改過自新的地方正是「法庭」。

不光是原諒犯罪者的罪過，犯罪者當然也要接受嚴厲的處罰。不過，法官必須負起責任向被告說明，給予這個懲罰的根據為何，讓對方心甘情願地接受。因為被告若是無法理解並接受嚴厲的處罰，那麼他不僅不會深刻反省，還有可能加深他對社會的恨意，這樣一來反而會增加社會不安。

法官也「默默地」維護日本的治安

長久以來大家都說日本是「治安很好的國家」。若比較各國的犯罪發生件數，這麼說的

確沒錯吧。但是，日本國內的貧富差距越來越大，自國外湧入日本的外國人人數也是前所未有的多。今後的時代，社會籠罩著些許不安氛圍，無法保證日本永遠都會是「治安很好的國家」。

因此本書要為各位介紹，那些在法官力所能及的範圍內，不辭辛勞地幫助犯罪者改過自新，並以司法人員的身分努力守護日本社會，讓你我能夠安心生活的偉大法官。

我想讓讀者知道這項事實：縱使你在今後的人生中，無論做什麼選擇全都事與願違，被逼到快要犯罪的地步，日本的法院還是有這樣的法官。

人間還是有溫情。接下來就與各位分享，在這個不穩定又嚴苛的時代下，現代社會中因為各種緣故而誤入歧途的人們所犯下的竊盜、詐欺、藥物犯罪等「三十項罪行」，以及法官對此做出的「三十個睿智判決」。

目次

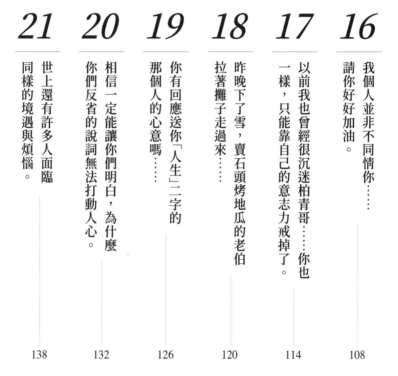

01

你可以抬頭挺胸地活下去。你太過於不想給別人添麻煩了。

熱愛工作的男人，因臥病在床無法工作而感到強烈的絕望。國民法官與職業法官討論過後，對這位老先生下了什麼樣的判決呢？

〔2011年7月1日　福岡地方法院〕

被人從熊熊燃燒的住宅裡救出來的男人

福岡縣內某獨棟平房發生火災，鄰居發現後打一一九報案，消防員隨即趕到現場。火焰迅速延燒，房屋很快就開始應聲倒塌。

滅火工作並不容易，不過消防員還是努力從火場中救出八十歲的男性住戶。這名男性住戶因吸入濃煙而意識模糊，所幸並無生命危險。

好不容易成功撲滅火災後，警方便展開調查，結果從現場狀況研判「有犯罪的可能性」。因為起火點推測是佛壇至臥室一帶，範圍大得不自然。換言之，可能是有人潑灑汽油之類的可燃性物質後「縱火」，因此警方也針對這種可能性進行搜查。

至於被消防員平安救出的男性住戶，則在醫院的病床上恢復了意識。他注意到坐在旁邊的妻子，突然雙手抓著床單，嚎啕大哭起來。

「對不起，對不起……」、「我沒死成……」

原來是因為，生病而行動不便的他硬是拖著身體，在自家的臥室與佛堂潑灑煤油，然後放火燒了房子。看著丈夫快被自責與後悔的情緒壓垮，不顧旁人眼光哭得抽抽搭搭，妻子始終一語不發，輕輕握住他的手。

為什麼男人要選擇縱火自殺呢？

男人從年輕的時候就帶著自豪感一直在工作。國中畢業後，他隨即到國鐵（現JR九州）任職，在第一線累積資歷。後來轉換跑道，進入不動產銷售公司，即使年過六十該退休了，他仍繼續在公司工作。

不過，七十歲時他罹患狹心症，因而不得不告別工作人生，專心療養。不久，他又併發其他疾病，之後就在家裡臥床不起。

妻子一直在身邊照顧生病的他，為他打點生活的一切，不過這件事一直折磨著男人的內心。一個男人若有著「會賺錢才有用」這種價值觀，當他因為生病或受傷而無法工作時，就很容易自尊心受損繼而精神崩潰。

只能單方面接受他人的照顧，自己卻完全無法回報對方，就是這種內疚日積月累，逐漸侵蝕當事人的自尊心。

絕大多數的自殺者，都會選擇「疼痛或痛苦盡可能少一點的方法」。不過，當中也有人是刻意選擇自焚，據說這種自殺者有著「想給自己嚴重的懲罰」，或是「想向社會表達什麼」這類強烈的決心。

對不起為自己犧牲的妻子

對實際當作住宅使用的建築物縱火，觸犯了「放火燒燬現供人使用之住宅罪」，在日本是須舉行國民法官審判的重大犯罪，最高可判處死刑。開庭時除了三名法官外，還有從一般民眾選出的六名國民法官參與審理，他們全從法庭的法檯上注視著說明縱火原委的被告。

案件發生前，被告曾向準備出門的妻子道別。據說妻子當時就察覺到這句道別背後的意圖。

患有狹心症等疾病而臥床不起的被告，應該是再也不忍心繼續給最愛的妻子添麻煩吧。被告心想，既然再怎麼照顧自己病情也不會好轉，不如清除過去的一切「讓妻子今後能活得更自由自在」，所以才會放火燒自己的房子，導致房子付之一炬。

宣判當天，林秀文審判長宣示處以被告三年懲役刑，不過法官與國民法官共九人討論後，一致決定給予被告緩刑。他們認為被告改過自新的可能性很高，故不需要立即入監服刑。（譯註：日本的有期懲役與有期禁錮相當於我國的有期徒刑，其中懲役須從事監內作業，禁錮則不需要。二〇二二年日本通過刑法修正案，將懲役與禁錮合併為拘禁刑，預計於二〇二五年實施。）

接下來，林審判長以沉穩的語氣勸誡被告。

「我能夠理解，你因為患有數種疾病而不想給妻子添麻煩，對未來感到悲觀的確是高齡者特有的心情。你從年輕工作到七十歲，已經工作了半個世紀以上，你可以抬頭挺胸地活下去。」

「你至今是不是太過於不想給別人添麻煩了？從今以後麻煩別人也沒關係。」

被告只回答一句：「我明白了」，然後向法官與國民法官深深一鞠躬，審判長便宣布閉庭。

國民法官審判是一般民眾與職業法官在同一個法庭上合作，其判決也考量了被告處於弱勢的心情，我從這起案件感受到國民法官審判的真切價值。

「不給別人添麻煩」這種日本人的美德有可能變成「詛咒」

在日本，父母責罵孩子時大多會附上「這樣會給別人添麻煩吧」這句話。但是，據說在印度，父母卻是教導孩子「你活著就是在給別人添麻煩，所以你也要諒解別人」。

「不給別人添麻煩地生活」這種日本人的美德很了不起。就連發生災害時，日本人仍會乖乖排隊，安靜等待物資發放，這樣的舉動獲得了全世界的尊敬。

可是，從另一個角度來看卻也讓人有些喘不過氣。倘若無論在什麼情況下，都堅持「不給別人添麻煩」的生存方式，那麼這種美德也有可能變成「詛咒」，導致自己不敢向他人乃至家人求助，最後被逼入絕境。

日文中「麻煩」這個詞，主要可分為兩種意思。如果是製造噪音、妨礙他人行動的麻煩就應該避免。不過，要是連緊急時刻「依靠某人」或「求助」都認為是「麻煩」，就會形成讓人喘不過氣的社會環境。

認為「別人向自己求助是一種麻煩」的心態其實源自於「傲慢」，也就是堅信自己未來應當不會處於得向別人求助的立場。這當中，怎麼也找不到日本人理應具備的另一種美德「謙遜」。

02

人間還是有溫情的，請你試著多信任別人一點。

被告是命運令人同情的食品偷竊犯。平時各司其事的法官、辯護人、檢察官特地組成臨時團隊，討論出來的結論是？

〔2007年4月25日　京都地方法院〕

什麼也不記得的男人

在隆冬的超市裡，一名男子因涉嫌偷竊便當、熟食小菜與酒等商品，被當作現行犯逮捕。這名男子把商品塞進有明顯破損與髒汙的背包裡，企圖逃跑到店外，不過他一副非常疲累的樣子，跑起來踉踉蹌蹌。

所以，保全一下子就追上他，將他送進警局。男子的頭髮與鬍子都沒修剪，衣服也破破爛爛。而且，天氣如此寒冷，他卻只穿著薄薄的秋衣。

負責進行詢問的警察，對於男子意想不到的回答很是驚訝。

「對不起，我不記得自己的名字了。對不起……我想不起來。」

「出生年月日……應該是昭和二十六年（一九五一年）或二十七年（一九五二年）。」

「住址……我不知道。可能是住在廣島吧。」

起初警察懷疑：他是不是想裝成失憶的樣子來矇混過去？但是，男子的言行舉止又讓人感覺不到想隱瞞什麼的企圖。

據說在遭到逮捕的三～四個月前，男子在一個寒冷的早晨醒來，發現自己的周圍是一片蒼鬱繁茂的樹林。他完全不知道自己是什麼人？直到昨天為止自己都在哪裡做什麼？接下來要去哪裡？

推斷可能是去廣島縣內的山上健行，結果不小心從山崖滑落撞到腦袋，才會導致喪失了記憶。

值得慶幸的是，錢包裡還有大約八萬日圓的現金。男子決定先下山尋找市區，接著找了一家店購買最低限度的食物，然後漫無目的持續走著。到了晚上，他就露宿在停車場或地下街等地方的角落。

他就這樣靠著兩條腿往東走了幾個月，最後終於抵達與廣島縣相距大約三百五十公里的京都府。

身上的現金全都花光了，因此他只能暫時過著忍受飢餓的日子。但最後終於忍不下去，才會偷拿超市裡的食物。即便喪失了記憶，男子仍舊明白偷竊是犯罪行為，因此他必須接受處罰。

檢察官求處罰金二十萬日圓，不過……

初審時仔細聆聽男子陳述的人，是東尾龍一法官。

「當你遇到困難也可以選擇向別人求助吧。難道你因為記憶模糊，連這種事也不曉得嗎？」

東尾法官這麼問。男子只回答一句：「我不曉得。」無論是哪裡的公所都好，只要跑進去求助，就能緊急獲得生活扶助。不過，在喪失記憶的狀態下，男子或許很難想到這麼多。

檢察官求處罰金二十萬日圓，初審就這樣結束了。

男子暫時住在警察分局的拘留所裡，不久就到了宣示判決的日子。

東尾龍一法官表示：

「為了充飢而偷竊超市的商品，這樣的犯案動機有欠思考。」

因此認定男子有罪，宣示處以罰金十五萬日圓。不過，儘管男子無職又不曉得自己住在哪裡，而且也沒有可以求助的親友，被命運無情地捉弄，仍然用自己的方式試圖打破眼前的苦境，這般的努力獲得了肯定。

「犯案的背景因素在於失憶，有同情的餘地。」

東尾法官這麼說，並決定特別針對此罰金刑適用「羈押日數之折抵」。

羈押日數之折抵這個制度，是從遭到逮捕當天算起，將被關在警局拘留所的期間換算成金錢，藉以支付罰金。（譯註：日本的看守所數量不多，因此規定可以拘留所替代看守所收押被告。）

日本有「易服勞役」制度，就是讓出於經濟因素付不起罰金的人，暫時進入監獄工作，再以監內作業所得的勞作金支付罰金。羈押日數之折抵就類似這種制度，是否適用則取決於法官的判斷。

東尾法官將男子被羈押在拘留所的期間，以「一天一萬日圓」換算。男子當時已被羈押十五天以上，故視為已繳清十五萬日圓罰金，實際上可以算是獲得無罪判決。

為被告的境遇著想而互相妥協的三人

做出如此寬大的決定後，東尾法官說了以下這席話。

「辯護人與檢察官都希望你今後能好好生活，為此用盡了各種方法。人間還是有溫情的，請你試著多信任別人一點。」

如果檢察官打算求處罰金，當初就不必上法庭，直接採取只需書面審理就能做出判決的「略式程序」比較快且順利。不過，略式程序也有缺點，這樣一來法官就無法使用羈押日數之折抵了。（譯註：日本的略式程序類似我國的簡易程序。）

就是考慮到這點，才特地開庭進行正式審判。因此，求處罰金二十萬日圓也只是形式上的求刑罷了。

另外，辯護人與檢察官還互相合作，為男子日後的生活環境做好準備，讓他能夠在審判結束後於更生保護設施生活並且接受心理諮商。而協調整體的行動，事先與辯護人及檢察官溝通的人，就是東尾龍一法官。

此外，東尾法官在宣判的最後補上這句話。

「以後有困難時，你也可以來找我。我會盡己所能幫助你。」

對於判決出爐後被告的境遇，絕大多數的法官都覺得「那不關我的事」。但是，東尾法官反而主動伸出援手，嘗試助被告一臂之力。我在他身上感覺到超脫「法官」這一框架的「豪俠氣概」。

03

這場審判，並非只是審理你的罪。

當不得不向他人求助時，你會感到排斥嗎？面對這起令人心痛悲傷的弒親案，在法庭上忍不住落淚的法官對被告說了什麼？

〔2006年7月21日　京都地方法院〕

地方法院的法官落下淚水……

「我確實殺了媽媽。」

面對檢察官的訊問，這名五十幾歲的男子用平淡的語氣這麼回答。

「不過，我其實很想跟媽媽一起生活，就算多過一天也好……我是真心這麼想的。」

「我應該無法獲得原諒吧，但如果可以的話，我希望下輩子還能是她的兒子。我現在真的這麼想。」

聽著男子的陳述，坐在法官席上的東尾龍一法官紅了眼眶，抬手拭淚。

男子在某個冷到會凍僵的早晨，於自家附近的河邊勒死生母，因而遭到逮捕。經警方詢問後得知，男子原本打算與母親一同自盡，母親也同意他殺害自己，故以「得承諾殺人」之罪名起訴男子。

基本上，只要被害人接受、同意犯罪，就無法處罰加害人。

不過，殺人是致他人於死的犯罪行為，帶來的結果過於悲慘，無論有何內情都不可原諒，這一點也是事實。因此，就算事先得到被害人的同意，加害人仍要接受處罰。不過，刑罰比殺人罪輕，在日本得承諾殺人罪的最高刑責為七年懲役刑。

「照護離職」將兩人逼上絕路

男子與母親兩人一起生活了十多年，原為織布師傅的父親早已去世。

母親生前罹患照護需要等級第三級的阿茲海默症，無論白天還是夜晚都會到處亂跑。每次都是鄰居或警察幫忙找到母親，把她送回家裡。

「不能再繼續麻煩別人了。」於是，在工廠任職的男子決定辭掉工作，專心照顧母親。

而沒有了收入來源後，母子倆的生活費就全靠母親的年金支應。男子曾到公所申請生活扶助，但公所職員卻以「你還能工作吧」為由直接拒絕他。當時生活扶助金的詐領問題經常登上媒體，也難怪公所職員會特別防備前來申請的民眾吧。

後來男子申請了現金卡貸款，但每個月的生活費還是不夠用，而一再借錢的男子很快就達到額度上限。

公寓房東是男子的親戚，一直以來房租都特別算他們半價，所以男子心想「不能再給對方添麻煩了」，不敢向親戚求助。

照護保險可使用的日間復健與日間照顧，使用者也需要負擔部分費用，並非能夠免費使用。

最後，母子倆幾乎陷入繭居狀態，白天也把窗簾拉上，兩人在屋內靜悄悄地生活。

就算照護經理人（照護支援專員）前來訪視，男子也假裝不在家避免與對方接觸。看樣子男子對照護經理人的服務產生了不信任感。這段期間他繼續獨自照顧母親，為了避免母親挨餓，他甚至減少自己的用餐次數，改成兩天吃一餐。

日本人的美德也將兩人逼上絕路

一月底，終於付不出房租的男子帶著母親去鬧區逛街。

男子把這件事當作「最後」的孝親行為。他很久沒看到母親笑容滿面、興高采烈的模樣。母子倆逛到天黑才搭上回程的電車，但他們已經沒辦法回到自己的家。

母子倆就這樣坐在河邊，一夜未眠。位於盆地的古都，冬季的早晨格外寒冷。兒子吐著白色霧氣，下定決心向母親坦白。

「我們已經活不下去了，就在這裡結束一切吧。」

據說母親聽了之後，平靜地低聲說：「這樣啊，已經不行了啊。」

說來諷刺，或許就是「不給他人添麻煩」這種日本人的美德，將這對母子逼入絕境。

東尾龍一法官在宣示判決時，特別施以溫情，給予被判處懲役刑的男子緩刑。

「本院推測，被告的母親對被告懷有感謝之意，絕對沒有怨恨等負面情感，並且希望他今後可以過幸福的人生。」

說明完緩刑理由後，東尾法官對男子這麼說。

「這場審判，並非只是審理你的罪，也是檢討整個社會現狀。」

接著，東尾法官透過法庭，向社會高聲提出問題。

「另外也要檢討照護保險與生活扶助的現狀。既然發生了這樣的案件，行政相關人員有必要重新思考該如何解決問題。」

日本已邁入超高齡社會，如今大約每二十個日本人就有一人是需要照護者。「照護」與「被照護」之課題，再也沒有人能夠置身事外。

最近「防止照護離職」這句口號終於在日本社會流行起來。各企業都必須關懷員工，以避免發生員工為了照護家人而不得不辭職的狀況。

請專業人士進行照護也是選項之一，但如果要住進特別養護老人之家或有照護服務的付費老人院，就得付出相應的費用。

現已進入在家人尚未需要照護的階段，就應當先針對照護問題做好準備的時代。例如平常就努力建立深厚的人際關係，好讓自己在緊急時刻「能夠拜託他人」，或者平時就努力存錢，好讓自己在緊急時刻「不需要拜託別人」。如果是你會怎麼做呢？

這起案件的被告，後來被有同理心的老闆僱用，很努力地試著重新展開人生。然而遺憾的是，在判決出爐約八年後，他在琵琶湖跳水自盡。我衷心期盼，日本務必以這起令人悲痛的案件為鑑，給未來的社會帶來希望。

04

如果讓妻子和孩子失望，你就不配當個男人了。

這對新婚夫妻原本過著為工作、育兒與家事忙碌的幸福生活。孰料男人被失控的命運逼到走投無路而犯罪。到了法庭上，法官對他說了什麼？

〔1999年1月25日　大阪地方法院〕

自己必須養家活口才行……

擔任建築工人的二十九歲男子，經由共同的朋友介紹認識了十九歲女子。兩人很快就情投意合，步上紅毯，婚後不久就有了孩子。

男子全心投入工作，每天從早工作到深夜。他一心一意想要賺錢，好讓妻女過上富裕的生活。無論遇到多不愉快、多痛苦的事，他也不曾抱怨，只是咬緊牙關努力工作。

妻子雖然年紀比丈夫小很多，卻是個很能幹的人，家事與育兒都難不倒她，與丈夫同心協力支撐著這個家庭。就算半夜被嬰兒的哭聲吵醒，她也不嫌麻煩，總是很有耐心地給孩子餵奶唱搖籃曲。

看著女兒安靜入睡的那張睡臉，是夫妻倆的喜悅，也是鼓勵。為了建立幸福的家庭，兩人分工合作，不斷地努力往前邁進。

沒想到，情況卻急轉直下。

丈夫任職的營造公司，因資金周轉不靈而倒閉。其實公司內部的氣氛以及工作量減少等情況，都讓丈夫隱約察覺到公司可能面臨危機。

只不過當時，他有些樂觀地想著：自己都這麼努力工作了，公司不可能會倒閉。正因為如此，得知公司倒閉的消息時他相當失望與沮喪。自己付出的努力竟然得不到回報，他一定很痛恨這樣的現實吧。

丈夫暫時不敢告訴妻子自己丟了工作。多半是因為，他認為工作賺錢讓這個家不必為錢煩惱，正是身為丈夫與父親的自己應盡的義務，也是自己的榮譽以及存在意義。

即使公司倒閉了，家中還有必須養育的嬰兒。就算一直找不到下一份工作，下個月以後仍得繼續存入一家人的生活費才行。丈夫就快被這股壓力給壓垮。

男人因無法賺錢而自尊心受損……

丈夫以刑事訴訟的被告身分，站在法庭的中央。

檢察官正在陳述公訴事實。被告在大阪府住宅區的道路上，騎機車從背後接近步行中的主婦們，趁著越過她們的時候搶走裝有錢包的包包，而且不只一次犯下搶劫罪行。

由於餘罪很多，偵查進行得並不順利。檢方針對男子犯下的搶劫罪行逐一立案並追加起訴，光是能確定被害事實的就有九件搶劫案成為審判的對象案件。被害總金額超過五十六萬日圓。

旁聽席不見妻女的身影。

飛車搶劫是非常危險的犯罪行為。要是包包的背帶扯住被害人，導致被害人跌倒受傷，觸犯的可就不是竊盜罪，有可能變成強盜傷害之重罪。（譯註：飛車搶劫在我國觸犯的是搶奪罪。日本並無搶奪罪，搶劫行為通常以竊盜罪論，但也會視犯案時的情形改以強盜罪、強盜傷害罪等罪名論之。）

辯護人提出證據，證明妻子已代替丈夫將他搶來的錢還給被害人。妻子拿出所有積蓄，並且向父母與親戚低頭借錢才籌出那筆錢。

辯護人還表示，夫妻倆的第二個孩子已平安出生了。丈夫斷斷續續地哭著回答：「得知妻子懷了第二胎後，想到需要更多生活費這件事帶給我非常大的壓力。我真的很沒出息。」

原本該採取的辦法，不是尋找下一份工作嗎？對於這個問題，丈夫低著頭，以哭腔道歉道：「本來當然應該這麼做，但可能是因為找不到工作，我也變得自暴自棄。我真的很對不起家人，以及那些被害人。」

負責本案的吉井廣幸法官以嚴厲的口吻，緩慢地訓誡道：

「今後你必須更加努力，好好回報家人的親情才行。要是沒辦法改過自新、重新振作起來，就不配當個人了。」

丈夫陷入沉默，細細咀嚼吉井法官的這席話。

法官的暖心判決，以及語重心長的一句話

宣判當天，吉井法官宣示處以被告三年懲役刑，緩刑五年。

「就算原本任職的公司倒閉了，還是可以去其他公司工作，但被告卻輕率地一再犯下搶劫罪行。被告是慣犯，本來應該處以實刑。」

吉井法官先嚴厲地追究其罪，接著說明緩刑理由。

「不過，被害金額已全數還清，而且被告若是入監服刑，反而有可能導致其家人流落街頭。另外，被告的妻子也希望跟被告重新來過。」

吉井法官期待被告未來能夠更生，因此特別予以緩刑。最後，吉井法官向被告說了一句話。

「如果讓幫助你的妻子和孩子失望，你就不配當個男人了。」

我深刻感覺到，審判就像是社會的「下水道」。

我們總是專注於家庭、工作、政治、娛樂等位在這個社會表面的「上水道」事物，每天都十分忙碌，因而無暇去細想審判這件「下水道」事物。

可是，如果審判沒有確實發揮作用，這個社會將變得如何？法律上的糾紛會變得更加難解，犯罪者則會擺爛不反省，也不會改過自新。這樣一來，社會的汙濁與矛盾，以及人的恨意、邪念與憎惡等汙穢的部分就不會受到「淨化」，而是直接往表面噴發，屆時連社會的「上水道」都會充滿穢物。

如果法院沒有適當處理「社會的穢物」，人類就無法擁有文明生活，然而我們常常忘了這項事實。

不過，沒有一個犯罪者天生就是「壞人」。正如汙水並非一開始就是「髒汙的水」，沒有人是想變髒而弄髒自己。我認為像吉井法官這樣的人物，確實發揮了法院作為「社會的下水道」的功能——促使犯罪者改過向善。

05

要先擁有正常的生活，
人生才有希望。
請你在明年春天重新出發。

男人偷走供奉給地藏菩薩的香油錢540日圓，判決要求他立即入監服刑。嚴厲的刑罰背後，法官真正的意圖是什麼呢？

〔1995年10月24日　金澤簡易法院〕

偷走地藏菩薩香油錢的男人

「你為什麼要偷呢？」

面對檢察官嚴厲的訊問，六十幾歲的男人縮著身體，硬是從喉嚨裡擠出聲音回答。

「因為我沒錢……」

「而且啊，你偷的可是供奉給地藏菩薩的香油錢耶！那種錢又稱為『淨財』對吧。什麼不偷，居然去偷這種含有人們的心意或祈願的錢，你不怕自己會遭到報應嗎？」

這個從路邊的地藏菩薩那兒偷走總計五百四十日圓的香油錢，因而以竊盜之罪名遭到起訴的男人，思考了一下後這麼回答。

「我認為地藏菩薩……地藏菩薩會願意幫助我。而且，我想說地藏菩薩的供品應該是公用的吧。」

檢察官吃驚地再問男人。

「你怎麼會有這種一廂情願的想法？」

「這麼想或許很放肆，但我真的有困難，所以我想地藏菩薩應該也不會生氣。而且我一直以為，撤下的供品任何人都可以吃……」

檢察官義正辭嚴的訊問深深刺痛被告的心

男人似乎在十年前失去工作，之後就再也不想工作了。

「就算自己努力工作，只要公司想開除就會被開除……」想必是過去這段令人同情的經驗不斷在內心膨脹，才會令他提不起勁去認真尋找下一份工作吧。

最後，連家裡也容不下他，因此在竊盜案發生前，他過了大約兩年的遊民生活。要吃什麼？要睡在哪裡？要如何撐過炎熱或寒冷的天氣？為了活下去，他沒有多餘的力氣去思考其他事情，日復一日過著這樣的生活。

這個男人年輕時應該也曾相信「未來是光明的」。

大人能買的東西比小孩子還多，也能認識很多朋友與熟人。年紀越大越了不起。他應該也隱約這麼相信過，然而實際上，隨著時間流逝，失去的東西越來越多……。

隨著年紀增長，與自己有關係的人事物一個一個離開身邊，不知不覺就只剩下自己一個人了。

法庭上，檢察官的訊問仍在進行中。

「你認為自己是在哪裡走錯了路？」

「難道不是因為你不夠努力嗎？」

「難道不是因為你不面對問題，總是在逃避嗎？」

男人說的話越來越少。或許是因為檢察官的訊問，聽起來就像是在說教，全面否定了自己至今的人生，為了快點結束他才隨便回答。

他當然明白，當初要是能再度回到家裡就好了，即使要自己下跪道歉也應該這麼做。但是，與其帶著壓力生活在沒有「友軍」的家裡，一個人過還比較自在，所以他才選擇獨自生活。

他也知道當初要是向公所求助就好了。但是，他很排斥用稅金養活自己。雖然不想承認，不過他也知道自己缺乏生存的智慧。但是，現在後悔自己沒努力獲取智慧也來不及了……。

這時氣氛陡然一變，坐在法官席上的廣田秀夫法官以溫柔的口吻問道。

「今後你打算怎麼辦呢？」

男人說，他想在人生路上重新出發，向廣田法官表達自己願意改過自新的決心。但是，十年多來他都沒有工作，也沒地方住，還被家人放棄，這些都是不爭的事實。

因此也不免讓人擔心，審判結束後，他會不會再度變回遊民。

於是廣田法官再三確認，男人那句「想要重新開始」，並不是為了應付當下的審判才隨便說說。

為什麼法官會宣示實刑判決？

然後，到了宣判的日子。

廣田法官宣示，處以男人八個月懲役刑，而且不予緩刑。

竊盜的被害金額不高，只有五百四十日圓，此犯罪行為的惡質程度比不上竊取他人的錢包等財物，因此就算給予緩刑也不奇怪。但是，法官卻決定要男人實際入監服刑八個月。

不過，在最後的最後，此實刑判決的真正含意總算揭曉。閉庭之前，廣田法官對男人這麼說：

「我也不是不能理解，你希望地藏菩薩幫助自己的心情，但要先擁有正常的生活，人生才有希望。接下來就要變冷了，請你在冬季服刑，到了明年春季天氣轉好時再重新出發。」

對普通人而言，必須坐牢的實刑判決是可怕的刑罰，會使之前建立起來的許多事物瓦解消失。但是，對遊民而言，監獄反而可以發揮「避難所」功能，幫助他抵禦嚴寒。

宣判當天是十月下旬，北陸那白茫茫的嚴冬已近在眼前。男人應該會在那年冬季，於監獄裡仔細思考未來的人生規劃，然後找律師或矯正人員諮詢並一步步做好準備吧。

假如負責這場審判的人不是廣田法官，或許就會按照模式給予緩刑，把男人丟回天寒地凍之中，這樣一來男人就永遠都擺脫不了遊民的身分。

06

不可以再犯了。妳要加油喔。

被告感動得放聲大哭，40公分的高低落差就在這一刻縮短了。「有人情味的浪速法官」所擅長的、法庭上的肢體接觸有什麼用意？

〔2003年10月29日　大阪地方法院〕

女子為何被逼到走投無路？

一名四十幾歲的女子，在超市一口氣偷了總價約三千日圓的食物而遭到逮捕。這名女子是所謂的單親媽媽，她在另一家超市打工，獨力撫養兩個孩子。

光靠打工的收入實在不足以支應生活開銷，因此她也接受地方政府的生活扶助，過著勉強可以餬口的生活。不過，隨著孩子漸漸長大，教育費等支出也越來越多。就算有打工收入與生活扶助金，每天還是得縮衣節食才行，最後她終於犯下不能犯的錯。

對於這起偷竊案，擅長理財的聰明人很容易會責備女子「都怪妳偷懶，不好好學習理財」、「誰教妳不好好存錢」等，放棄拉她一把。

可是，不擅長理財的人就是克服不了這個弱點，一直覺得自己很難在這個社會上生存。這是因為，日本的國小與國中幾乎不會實施「財金教育」。

不知是否因為日本社會經歷過昭和時代的高度經濟成長期與泡沫經濟時期，導致大眾普遍認為「談錢很俗氣」。反過來說，這表示日本確實有段時間，處於用不著認真思考錢的問題也能活下去的幸福時代。

話說回來，「財金教育」是經濟或時間上有一定的餘裕，才有辦法記住知識、做好準備的一門課。真的遇到緊急狀況時，一般人應該都會壓抑不了「無論用什麼手段都行，總之我需要錢」這種焦慮的心情。

本案的女子，為什麼會在經濟上被逼到這種地步呢？這是因為，她一直在替離家出走的丈夫償還債務。女子的丈夫似乎是因為忍受不了債主的無情討債而跑路，從此失去蹤影。

照理說，只要妻子沒當丈夫的保證人，就沒必要背負丈夫個人欠下的債務。然而，女子家的信箱卻不斷收到各個金融機構寄給丈夫的催款單。或許就是這個緣故，才會讓她覺得「我必須還錢才行」，一個人扛起責任。

再次獲得緩刑

偷竊商品的動機主要可分成三種。

第一種是為了變現而偷東西。簡單來說就是「為了錢」而犯案。竊賊對偷竊的商品本身不感興趣，只在乎商品能不能高價售出。

第二種是為了宣洩壓力而偷東西。這是一種享受刺激的犯罪行為，竊賊會事先訂立策略以防自己被店員發現。偷竊癖患者的偷竊行為也屬於這個類型。

至於本例的案件，則是「為了生存而偷東西」，也就是因為沒飯吃而偷食物。以女子的情況來說，她不光要養活自己，還要養兩個發育中的孩子，而且隨著孩子漸漸長大，養育費用也越來越高。每個月要償還的債務應該也壓迫著母子三人，導致他們只能勉強過活。

女子在三年前也曾涉嫌偷竊而遭到逮捕，最後受到有罪判決，但獲得了緩刑。不消說，偷竊商品的確觸犯了竊盜罪，是應該被社會嚴厲譴責的犯罪行為。

這次是再犯，而且還是在緩刑期間犯案。一般都會以為，法院肯定會撤銷女子的緩刑，要求她入監服刑。

但是，負責本案的杉田宗久法官，卻特別給女子「第二次緩刑」。

主動向被告要求握手的法官

於緩刑期間再犯，卻再次給予緩刑，這種情況很罕見。在日本的法律上，「再度緩刑」必須符合以下三項條件：

（1）被判處一年以下的懲役刑（或禁錮刑）。

（2）之前的緩刑並未交付保護管束（由保護司監督日常生活）。

（3）有應該特別予以酌量之情狀。

杉田法官判處女子一年懲役刑，故符合（1）與（2）的條件，此外也認為女子有（3）的應特別予以酌量之情狀，他表示：

「被告不想讓孩子挨餓，不得已才犯案。如果處以實刑，還在求學的兩個孩子生活將面臨困境。」

杉田法官的暖心審判還不只如此。

閉庭後，杉田法官叫住女子，從高台上的法官席探出上半身，主動與女子握手。

「不可以再犯了。妳要加油喔。」

杉田法官輕輕握著女子的手鼓勵她，女子過於感動，當場放聲大哭，不斷用哭腔說著「謝謝」。

那句用關西腔說的「妳要加油喔」，感覺得到裡面充滿了法官所有的心意。

不僅運用法律邏輯施以溫情，還藉由握手這種肢體接觸來觸動人心。負責審理的法官都做到這種地步了，真的還有人會再度行竊嗎？至於丈夫造成的債務問題，也可以找律師諮詢解決。

除了這場審判外，我也曾在其他場合見過幾次杉田法官的「握手鼓勵」。法官所在的法官席，比法庭的地板高了四十~四十五公分。

其實杉田法官也可以走下台跟被告握手吧。但是，他卻沒這麼做，反而刻意從高處要求被告跟他握手。雖然心情上能體諒被告，但在審判上彼此立場不同也是事實。或許就是這個緣故，杉田法官才會以這種方式維持彼此的分際。

07

「要不要帶女兒去公園玩，跟許久不見的她說說話……」

被告是一名為了籌措女兒上小學的準備費用而犯罪的父親。法官迅速結束審理的原因是？

〔2014年11月14日　佐賀地方法院〕

壞朋友提供的賺錢機會

「今後要堂堂正正做人，不要使女兒蒙羞。」

抱著與妻子生下的可愛女兒，內心既激動又溫暖的男人，終於下定決心脫離幫派。

每天早上，男人都會先看一眼女兒的可愛睡臉，再出門找正當工作，但工作沒那麼容易找到。雖然他靠著營造業之類的日僱型工作勉強養家餬口，但無論他再怎麼努力，老闆就是只願意短期聘僱，之後又得再找別的日僱型工作……。才剛存了一筆錢，就因為失去工作而不得不花光……。

男人就這樣度過了六年的歲月。明年春天，女兒要就讀小學一年級。男人陷入窘境，想幫女兒買個漂亮的書包，可是他的手頭並不寬綽。他每天都責備身為父親的自己，竟然沒辦法慶祝女兒邁入人生的新階段。

就在這時，男人遇到了以前的壞朋友，對方報給他一個賺錢機會。

「你手上有沒在使用的銀行帳戶嗎？有人願意出三萬日圓，收購帳戶、存摺和提款卡喔！」

男人聽了之後很開心，馬上到銀行開設新帳戶。開設銀行帳戶基本上不用花錢，所以男人可以拿到三萬日圓整的現金。

只要向他人提供銀行帳戶就是犯罪

各位是否有過這種經驗：明明只是要匯款或存款，銀行等金融機構的櫃檯人員卻要求出示身分證件。應該也有人遇過，櫃檯人員因「證件上沒有相片」或「匯款申請書上填寫的住址與證件上的住址不同」等理由拒絕受理，讓人生氣或沮喪的情況。

從前只要有存摺和印章，就能輕鬆完成手續，現在卻變得沒那麼容易了。想必有些人會困惑，自己明明不是收錢的那一方，而是付錢的那一方，為什麼還要那麼嚴格要求身分證明呢？

不過坦白說，銀行也不想對客戶投以懷疑的目光。

二〇〇七年，日本金融廳根據《金融機構確認客戶身分之相關法律》（現在稱為《防止犯罪收益轉移法》）訂立指引，要求全國的金融機構，當客戶要進行超過十萬日圓的現金匯款或金融卡轉帳時，必須進行身分驗證。（譯註：我國也有類似規定，臨櫃辦理新臺幣三萬元以上的國內匯款或無摺存款時，須出示有相片的身分證件。）

銀行帳戶的身分驗證程序會變得嚴格，有兩個背景因素。

第一個原因是為了減少國內犯罪。「匯款詐騙」主要是鎖定年長者，假扮成孫子之類的家屬向他們騙取現金，如今日本充斥著模仿這種手法的壞人。

這類犯罪集團，有時會指示被害人透過銀行帳戶匯出款項。如果犯罪集團指定的匯款帳號是他人提供的銀行帳戶，警方就無法鎖定那是誰的帳戶而難以揭發其犯罪行為。

另外，以違反《出資法》規定的極高利息借錢給他人的「地下錢莊」也很猖獗。他們有時會要求「錢借給你，但你要把提款卡寄放在我們這裡」。如果聽從地下錢莊的要求交出提款卡，那麼不只地下錢莊，就連借錢的人也會被問罪。

第二個原因是，為了對國際犯罪組織施加壓力。地下組織會使用「洗錢（資金洗淨）」手法，讓犯罪收益在數個帳戶之間流動，偽裝成正當的交易，藉由這種方式使資金來源不易曝光。這種手法也常使用人頭帳戶。

另外，恐怖分子用來接受恐攻行為的援助資金或捐款的帳戶，也幾乎都是人頭帳戶。

因此，日本的法律規定，出售或轉讓銀行帳戶須接受嚴厲處罰，最高可處一年懲役刑。

如果本來就是為了轉讓給他人才開設新帳戶，也會因為欺騙銀行而構成詐欺罪。這是最高可處十年懲役刑的重罪。

休庭十五分鐘後，法官竟然……

男人一心想看到女兒開心的表情，於是為了獲得眼前的三萬日圓，輕易答應買賣銀行帳戶，結果害自己遭到逮捕，以被告的身分在法院接受審判。

妻子與女兒就坐在旁聽席看著他。男人老實認罪，在法庭上吐露真實的心情。

「因為生活實在過得很苦，我才會犯下這種過錯。虧我還為了跟壞朋友斷絕往來，一直努力到現在，自己實在很丟臉。為了家人，今後我只能拚了命地贖罪……」

之後，負責本案的杉田友宏法官很快就結束訊問被告程序，在檢察官求刑之後便結束審理。

「暫時休庭。請各位稍等十五分鐘。」

說完這句話後，法官走出了法庭。被告也戴著手銬並繫上腰繩，被法警帶到法庭外的房間等候。杉田法官回到法庭後，開口第一句話就是宣示判決。

「從判決確定日算起的三年內，暫緩執行被告的刑罰。」

換言之，杉田法官給了男人再次以社會人士、丈夫及父親的身分，於人生路上重新出發的機會。只花了十五分鐘就寫好判決文的杉田法官這般勸誡男人。

「明天是星期六對吧。要不要帶女兒去公園玩，跟許久不見的她說說話呢？請你今後務必當個好父親，做女兒的好榜樣。」

男人以哭腔說了一句「謝謝」，然後向法官深深一鞠躬。

杉田法官應該是認為，與其將宣判期日定在一～兩週後延後做出結論，不如趁著被告的改過之心正盛時宣示判決，讓他與坐在旁聽席的家人一起回家更有幫助。因為杉田法官相信，無論對父親的更生還是女兒的情操，這麼做應當會帶來更好的效果。

08

「只要你不忘記此刻的感覺，
就一定能夠洗心革面、改過自新。」

本案為被害金額高達數億日圓的房屋翻修詐騙。審判詐騙集團的男性主嫌時，審判長突然暫停審理的原因是？

〔2007年5月18日　奈良地方法院葛城分院〕

「您可拿回超收的費用。」

兩名二十幾歲的男子參加求職活動，最後一同在某家房屋翻修公司任職。他們被分配到業務部，跟著跑外勤的前輩工作。但是，兩人不久就因為「個人因素」而雙雙辭職。從到職至辭職只過了三天。

「最近的年輕人，稍微不高興就馬上辭職耶……。」

「沒辦法在我們公司做下去的人，不管到哪兒都做不久吧。」

傻眼的上司們七嘴八舌地抱怨，不過因為每天都很忙碌，他們很快地就忘了這兩名離職員工。

然而，這兩名年輕人的離職，正是某起集團式詐騙案的開端。

住在奈良縣的七十幾歲女性，某天接到了一通電話。對方自稱是奈良縣警察局總局的男警，女性聽到他提出的問題後非常驚訝。

「請問您府上最近是否曾進行房屋翻修工程？我們查出這家房屋翻修公司向客戶不當收取高額的翻修費用，所以才打電話來向您確認。」

得知自己有可能遇到詐騙，女性難掩震驚，話筒裡的男人繼續說道。

「您有印象嗎？應該沒有錯吧？不要緊的，超收的費用現在就能拿回去。不過，您必須先支付手續費才行。之後會有專員到您府上拜訪。」

掛掉電話過了幾個小時後，一名身穿便服的男子來到女性的家門口。這名男子向女性解釋「現在沒穿制服，是為了避免驚動周邊的居民」，然後以手續費的名義向女性收取百萬日圓起跳的現金。

上述這一連串的程序全是詐騙行為。不過，對方採用的並非當時就受到矚目的「房屋翻修詐騙」或「匯款詐騙」典型模式，因此被害人並未產生多少戒心。

被告的兒子在審理期間哭了起來

這個假扮警察的詐騙集團共有三名成員，他們運用兩個謊言來進行詐騙：先讓被害人以為自己遇到房屋翻修詐騙，再假扮警察騙取金錢……。由於使用了如此大膽又巧妙的手法，三人遭到逮捕時，被害總金額已超過一億日圓。

遭到逮捕的其中兩人曾在房屋翻修公司工作三天，他們趁這段期間偷偷複製約有三千筆資料的客戶名冊，然後馬上辭職走人。接著，他們將翻修過自家房屋的客戶列為詐騙對象，製作姓名與電話號碼清單。

這個詐騙集團的首腦是名二十二歲男子。雖然被告在法庭上表現得頗為泰然自若，不過仍然可從嘴巴抿成一條線的表情看出他內心的緊張。旁聽席還看得到抱著一歲兒子的被告妻子。

審判嚴肅地進行。檢察官宣讀書面資料，內容包括要求嚴懲詐騙集團成員的被害人供述、被害人被騙取的被害金額，以及詐騙集團成員如何揮霍犯罪所得等。

這時，後方的旁聽席突然響起嬰兒的哭聲，打破了法庭的肅靜。被告略微回過頭。他的妻子趕緊從旁聽席起身，走到外面的走廊。

不過，哭聲仍舊穿過牆壁傳到法庭裡。審理進行期間，哭聲漸漸變得越來越小，最後終於恢復原先的靜寂。

被告的妻子打開法庭的門，正要再度坐回旁聽席。負責這場審判的榎本巧審判長看到這一幕後暫停審理，接著這般指示：

「被告的太太，可以請妳站到應訊台嗎？」

在事務官的催促下，妻子抱著兒子，單手打開旁聽席前面的柵欄門，朝著坐在應訊台椅子上的被告旁邊走去。被告一直很擔心地望著表情看來仍在鬧脾氣的兒子。

為了引導被告改過自新而運用偶發事件的審判長

接著，榎本審判長對著被告這麼說。

「你們很久沒見了吧。被告，請你抱抱兒子看看。」

被告從座位起身，接過妻子手裡的兒子。這時，被告突然向前彎著身子，嗚嗚咽咽哭了起來。

打從審判開始之前，被告就一直表現得自信滿滿，但那種目中無人的態度卻在這個瞬間瓦解。

終於不再哭泣的兒子，目不轉睛地看著父親的臉。

「只要你不忘記此刻的感覺，就一定能夠洗心革面、改過自新。」

被告抱著懷裡的兒子，用哭腔向勉勵自己的審判長道謝，深深地低頭行禮。

宣判當天，榎本審判長宣示處以被告超過三年的懲役刑，而且不予緩刑。因為他率領詐騙集團，向縣內縣外眾多的年長者騙取鉅額款項，刑事責任重大，故不適合給予緩刑。

被告直盯著審判長，發誓「為了家人，我一定會在監獄裡服完刑期，重新做人」後，審判長便宣布閉庭。

年輕的被告把領導能力用在集團式詐騙上，才三個人犯案就牽連了大批的受害者。

不過，相信他出獄之後，一定會為了正當的工作，以及家人的幸福而運用他的領導能力吧。

宣示實刑判決，是考驗法官真正價值的時刻。因為法官必須向被告解釋要他入監服刑的意義，讓被告理解與接受。法官若不能完成這項任務，監獄就有可能不是使人深刻反省的地方，而是增加恨意的地方。

09

「請你們試著舉出兒子的三個長處或優點。」

對兒子又打又踹直到天亮，接著棄之不顧一個星期……身為「一名母親」的法官，含淚問了被告什麼問題呢？

〔2010年10月7日　橫濱地方法院〕

餓得受不了的男童

深夜，一名顧客向便利超商的店員抱怨。想上廁所的他邊等邊挑選商品，但等了十多分鐘，廁所裡的人始終不出來，所以希望店員去處理一下。「您還好嗎？」店員對著店內唯一一間廁所問道，並且不斷敲著門板。

最後總算響起了解開門鎖的聲音，開啟的門內站著一個年幼的男孩。廁所地板上散落著撕開的塑膠包裝，由此可見他吃掉了好幾個店裡賣的飯糰。那些飯糰都還沒有結帳。

接獲店員報案而趕來的警察，得知偷飯糰的是小學生後，打算輔導告誡完就讓他回家，於是將男孩帶回警局進行查問。

「我不想被媽媽踢，又想吃東西，所以就從家裡跑出來。」男孩向警察說起自己的遭遇，言詞之間隱約透露出他遭受虐待的事實。男孩全身上下都看得到好幾個遭到嚴重暴力的傷痕與瘀青，慘不忍睹。

據說當時，男孩已將近一個星期沒吃東西。由於實在餓到受不了，男孩怕自己再餓下去會死掉，便等深夜家人都入睡後偷偷溜出家門。他在黑暗中靠著燈箱招牌找到便利超商，一進入店內就隨便抓了幾種食品塞進口袋裡，然後衝進廁所把門鎖上，在裡面狼吞虎嚥地吃了起來。

之後，男孩的父親與同居女子，因涉嫌共同傷害男孩而遭到逮捕。一再偷偷地在家中對男孩施暴的實行犯，是跟男孩沒有血緣關係的同居女子。據說男孩的生父一直默許女子的暴行。

兩名嫌犯為事實上夫妻，也就是未登記結婚但以夫妻名義同居生活。由於兩人之前都離過婚，各自都有幾個孩子，同一個屋簷下總共住了七個人。不過，兩名嫌犯幾乎都沒讓已達義務教育年齡的孩子去上學。

辯稱「警察犯不著大驚小怪」的女人

某天，男孩偷吃冰箱裡從超市熟食區買來的「炸雞」，結果被女人發現了。

女人異常憤怒，命令男孩跪坐在廚房的木地板上，然後在晚間到隔天早上這段約十個小時的期間持續對男孩施暴，例如拿木刀毆打他全身，或是掐他的脖子。

之後又為了懲罰他，將近一個星期完全不給他吃東西。男孩只不過是偷吃了炸雞而已呀……。

就連在警詢時，女人也一副死不認錯的態度，辯稱「我可能有動手打了他幾下，但又沒什麼大不了」、「這點小事警察犯不著大驚小怪」等。

生父也供稱「那小子愛說謊又愛偷東西，我怕他遲早會在成年之前就犯罪。這算是管教的一環」，不斷正當化此等虐待行為。

看完充斥著兩人的辯解與自我辯護的供述筆錄，忍不住在法庭上流淚的人，是負責本案的香川禮子法官。

「我也有個年紀與被害人相仿的孩子。這場審判讓我想起自己撫養孩子的情形，面對案件的同時我也反躬自省。」

香川法官先是吐露自己的感想，接著展開特殊的訊問。

「兩名被告，請問你們有注意到兒子的優點嗎？請你們試著舉出兒子的三個長處或優點。舉得出來嗎？」

兩名被告答不出來，愣在原地一語不發。

香川法官繼續問道。

「這位爸爸，你說兒子很愛說謊是吧。但是，你有想過他為什麼要說謊嗎？」

「孩子的言行背後，應該有促使他不得不這麼做的原因。如果父母都對孩子發怒，孩子就沒有避風港了！」

帶著哭腔的斥責輕輕迴盪在法庭內，接著又是一陣沉默。

自己也是「一名母親」的法官毫不客氣地訓話

過了一會兒，香川法官再度向兩名被告提問。

「有句話說『孩子是父母的鏡子，看孩子就能知道他是在什麼樣的家庭長大』。你們敢自信滿滿地說，自己有對兒子灌注關愛嗎？敢自信滿滿地告訴社會『我就是這樣養大孩子的』嗎？」

不知是不是被法官的話觸動心靈，女人也開始流淚。

然後她說：「我們錯了。真的很抱歉。身為父母的我們實在很不成熟，我很後悔。如果可以，今後我想當個有慈愛之心的母親。」

父親也接著小聲回答：「我在反省了。」

後來，香川法官判處兩人一年的懲役刑，不予緩刑，並表示：

「將來出獄後，你們或許還是有機會跟孩子見面或一起生活。」

香川法官並未否定剝奪親權的可能性。接著她告誡兩人：

「如果再發生同樣的事，沒有比這更不幸的了。請你們回想審理時的對話，不斷思考自己為什麼會犯下罪過、要怎麼做才能避免再犯。」

香川法官所說的話，或許也能算是「代為表達世上所有母親的心情」。實際上，她應該是在透過法官這個公家立場，表達身為一名母親的感受以及個人單純的憤怒吧。

二〇一八年，全日本的兒童諮詢所共處理了約十六萬件民眾的虐童諮詢案件，創歷史新高紀錄。即使是在少子化的時代，案件數量跟前一年相比卻暴增將近兩成。而且，虐兒大多發生在家中這種私人空間，是最難發現的犯罪。兒童諮詢所處理的案件數量，只不過是冰山一角。

10

要面對現實應該很不容易。
不過，請你想一想，
有什麼是自己能做的事。

長年受到當地人喜愛的拉麵店轉眼間付之一炬。而且，這把火還吞噬了周邊的住宅。審判長對絕望的店主說了什麼呢？

〔2017年11月15日　新潟地方法院高田分院〕

因大範圍延燒而面目全非的街道

全身濕透的老店主只是茫然愣在原地，仰望著盤旋升空的巨大烈焰。周圍充斥著刺耳的警笛聲。一輛輛消防車從市內各個地方開往住宅區。

老店主在這條街上煮了五十多年的拉麵。歲末的這天早上，他也跟往常一樣，在店內用鍋子煮筍乾進行前置作業，中途稍微離開回家一趟。沒想到鍋子就在這短暫的時間內煮到空燒，不久便引燃了廚房。老店主經營多年的、重要的拉麵店一下子就全燒了起來。

火災當時，他將水龍頭轉到底，拿著水管到處灑水，拚了命地想要滅火。但是，整間店早就被火焰包圍，已經無計可施。

而且，受害的不只這家拉麵店。大火不斷延燒下去，最後演變成延燒町內一百四十六棟住宅的嚴重慘事。直到剛才都如往常一樣的周邊景色，轉眼間就被巨大的火焰吞噬，化為騰空而起的黑煙。

奇蹟的是這場火災並未奪走人命，也沒有人受重傷，算是不幸中的大幸。不過，整條街都是燒得焦黑的建築物，財物損失過於龐大，根本無法挽救。

老店主國中畢業後就到拉麵店當學徒，度過了超過半個世紀的拉麵人生。能夠獲得當地許多顧客的喜愛，聽到他們面帶笑容稱讚「好吃」、「美味」，是他每天的生活意義。當中有些人還是從小吃到大、交關幾十年的常客。

然而，在這個地方長大，想為這個地方服務而努力多年的自己，最後竟然恩將仇報。老店主非常自責。

向公所提交拉麵店的歇業申請書時，老店主感到心痛，眼淚流個不停。在妻兒的陪同下，他拜訪每一棟遭到延燒的住宅，向住戶深深低頭道歉。

途中不時會看到燒成焦炭的廢墟，總是令他忍不住想要移開目光。不過，他還是拚命邁著沉重的腳步前進，不斷地向這條街的每個人低頭道歉。

拜訪之處也有不少人非但沒有嚴厲責罵他，反而還給他溫暖的鼓勵。然而他依舊很過意不去，甚至還請當地報社在早報裡夾入道歉傳單，一直保持謝罪的態度。

強風導致火災擴大的可能性

「廚師應該要比一般人更加注意用火安全才行。請給予他嚴厲的懲罰。」

「絕對不原諒他。希望他明白自己的責任有多重。」

「心裡沒什麼怒意。現在只想先竭盡全力重建自己的生活。」

檢察官在法庭上宣讀，記錄了當地居民意見的筆錄。對被告而言，每一段內容都字字椎心。

被告是工作時負責用火的人，這次因過失而引發火災，故以業務失火之罪名遭到起訴，接受刑事審判。最重有可能被判處禁錮刑，關進監獄裡。

辯護人提出反對意見，認為只要求被告一人負起這場大火的法律責任太過嚴苛。因為火災當天，當地狂吹強勁的南風。

被告放著正在爐火上加熱的鍋子就外出的行為確實應該受到譴責，不過辯護人主張，氣象條件引起的偶發因素，也是促使火災不只燒燬被告的店，受害範圍還擴大到整個地區的一大主因。

氣象廳的資料庫顯示，火災發生時該地區的氣象臺觀測到南風，平均風速為十三點八公尺，最大瞬間風速為二十七點二公尺。平均風速超過十公尺的強風，威力大到能令樹枝劇烈搖晃，人也沒辦法撐傘。

而且，當時雖是十二月下旬，當天的最高溫度仍有二十點五度，這可能是焚風造成的影響吧。故可以推測，就是因為溫暖乾燥的南風越過山脈吹進這個地區，才使得火星大範圍飛散，繼而導致住宅區的火勢擴大延燒。

酌量情狀給予緩刑的審判長這麼說

宣判當天，坐在審判席中央的石田憲一審判長高聲宣讀主文。

「處以被告三年禁錮刑。」

宣布的判決結果是業務失火罪的最高刑罰。

不過，被告獲得了緩刑。

「本次火災造成的損害之所以比一般火災嚴重，確實也跟氣象條件引起的偶發因素有關，因此無法要求被告負起所有責任。」

「被告一開始就承認所有罪過，並且深刻反省，此外也不斷向周邊居民誠心道歉。本院審酌上述情狀後，認為被告適用緩刑。」

石田審判長如此說明。

接著，石田審判長對七十幾歲才失業的被告這麼說。

「畢竟結果太過慘重，要面對現實應該很不容易。不過，儘管這次的事令許多人受苦，他們仍為了恢復朝氣而每天積極行動。請你想一想，為了這個町和居民，有什麼是今後自己能做的事。」

閉庭後，被告仍坐在應訊台的椅子上，朝向正前方深深地低著頭。

11

下回有可能換成妳被拋棄。

被告是一名濫用安非他命、遲遲戒不掉的母親。她想重回正軌而努力工作到深夜，結果卻適得其反。法官給了她什麼樣的警告呢？

〔2011年11月22日　千葉地方法院〕

努力回歸社會的女人

過正常的生活時毫無所覺，來到法院才會發現這個現實：非法藥物的流通網路，就分布在這個社會看不見的地方。

一名三十幾歲的女子，被控違反《興奮劑取締法》（持有或使用），因而在千葉的刑事法庭接受審判。之前她似乎也曾三度因為同樣的罪名遭到判刑，這次是第四次接受審判。（譯註：日本的《興奮劑取締法》針對的是安非他命、冰毒等安非他命類的中樞神經興奮劑。）

根據檢察官陳述的起訴要旨，女子最後一次購買安非他命的地點，居然是我個人很熟悉的地方——距離我家最近的車站。那是作為交通樞紐的鐵路總站，無論早晚都擠滿大批轉乘的乘客，絕對不是治安不好的場所。

完全不曉得販賣安非他命的人會在那裡遊蕩的我，坐在旁聽席上為這項事實悄悄感到不安。

上一次入監服刑期間，被告的毒癮症狀已獲得控制，不使用安非他命也能正常生活。據說刑期結束後，被告為了盡快回歸社會，而在新的職場賣力工作。她想快點得到上司與同事的肯定，所以常常留在公司加班到深夜。

當時女子有自己的家庭，與丈夫之間有個三歲的女兒。但是，她太過於埋頭工作，因此經常留年幼的女兒獨自看家，一直等到天黑。據說丈夫每次下班回家，都會看到女兒抽抽搭搭地跑到門口迎接他，女兒會有這種反應也是可以理解。

女子因為連續加班與假日出勤，累積了很大的心理壓力。本來想交出工作成果，努力融入職場，卻一直無法如願以償。這時她忍不住想起了安非他命，不過她斷然拒絕了這個浮上心頭的誘惑。

然而她一再徬徨與煩惱，心情越來越沮喪，壓力也越來越大……。最後她還是去找了毒販。

只要仍有一點點安非他命成癮症狀，就有可能使當事人只想得到以這種手段來消除強烈的壓力。只要一時鬆懈，就會導致自己再度走上被安非他命擺布的人生。

第四次遭到逮捕的被告，不久就與丈夫離婚。三歲的女兒則由前夫撫養。

見不到母親的年幼女兒之心情

檢察官提出的前夫的供述筆錄上，也提到了女兒的心境。

「女兒以為自己『被媽媽拋棄了』。」

「由於現在不能讓她跟女兒見面，只好告訴女兒『媽媽住院了』。」

「女兒說『希望能快點治好變得很奇怪的媽媽』。」

不知是不是檢察官宣讀的供述筆錄內容，讓被告突然想起了女兒的「聲音」。只見被告略微低頭面向下方，背部微微顫抖著。

在審理的最後階段，負責本案的片岡理知法官對女子這麼說。

「妳對女兒做的事，總有一天都會回到妳身上。如果女兒覺得自己被妳拋棄了，下回就有可能換成妳被女兒拋棄。」

被告只回了一句「是」，審判就結束了。

女子急著戒掉安非他命，努力回歸社會。沒想到最後，她不僅又沾染安非他命，還失去了家庭。

片岡法官之所以嚴厲訓誡，是為了使這名母親意識到女兒過去每天感到的寂寞與恐懼，要她牢記在心裡吧。

從另一個角度來看，這席話似乎也帶有這樣的意思：只要為了孩子努力活下去，將來孩子就會以某種形式回報自己。

使用非法藥物是一瞬間的事。但是，想治療自己擺脫非法藥物的誘惑，卻得要有「必須花一輩子的時間」這種心理準備。

日本遠遠落後的成癮症治療

新聞之類的媒體也常報導藝人或運動選手等知名人士，因為濫用安非他命而自毀人生的案例。

安非他命具有令腦內產生大量的快樂物質「多巴胺」的作用，能夠暫時提神，或是湧現幹勁。

不過，使用過後會出現嚴重的後遺症。最後使用者會變得焦慮不安、提不起勁，或是出現幻聽。

這種東西若是放著不管，社會就無法正常運作，因此法律嚴格禁止持有與使用安非他命。這項規定，對不曾使用過安非他命的人來說確實有效。

但是，只要使用過一次，就有可能被戒斷症狀擊敗而忍不住想要使用安非他命。如此一來，即便知道使用安非他命會被處罰，單靠自己的意志力仍是克制不了這種強烈欲望。因此，只讓使用者入監服刑還不夠，必須把重點放在「戒斷症狀的治療」上。

然而，日本的法律制度，對安非他命成癮者依然以「處罰」為主。罰得越重，越能去除安非他命對社會的危害——這種想法已是過時的誤解。

如今這個社會充斥著許多壓力因素，例如有關工作、金錢、家庭或人際關係的煩惱等，我們的身邊不乏接觸非法藥物的起因（藉口）。

世上最早製造出安非他命（甲基安非他命）的人，其實是明治時代的日籍研究者。但是，放眼國際，現在日本治療安非他命戒斷症狀的體制卻遠遠落後其他國家。如果不快點打破這種諷刺的現狀追上世界水準，日本的藥物汙染有可能在不久的將來，惡化到無法挽救的地步。

12

在她的世界裡，妳是她唯一的媽媽啊。

被告是逼未成年的女兒賣身，拿那筆錢到處玩樂的父母。面對辯稱「自己年輕時也被逼著這麼做」的母親，法官對她說了什麼呢？

〔2008年12月4日與25日　和歌山家事法院〕

妳得想辦法自己賺錢……

這起生母與繼父逼十五歲的女國中生賣淫而遭到逮捕的案件，不只登上和歌山縣內的媒體，日本各地的媒體也有報導。父母為了錢賣女兒這種事，頂多只會在古裝劇裡看到。沒想到這種事竟然真的在現代日本上演，這項事實帶給社會很大的衝擊。

這位女國中生太愛玩手機，因而遭母親責罵。像這種因為監護人收到電信公司寄來的數萬日圓帳單而引發家庭問題的情況其實很常見。

不過，接下來的發展卻很不正常。這名母親居然威脅親生女兒「既然是妳欠下的費用，就算要賣身妳也得想辦法自己賺錢」、「我以前也做過援交，這種事沒什麼大不了的」，強迫女兒下海賣淫。而且，一拿到嫖客的夜度資就馬上匯入繼父的銀行帳戶。

或許是食髓知味吧，從此以後母親就經常以「付不出瓦斯費都是妳害的。瓦斯公司要來催收了，快點去賺錢」之類的藉口，逼迫女兒賣淫來維持生活開銷。

根據警方的搜查，女兒在大約一年之內被迫從事幾十次性交易，獲得的總金額估計有一百萬日圓以上。

日本的《兒童福利法》規定，不得令未滿十八歲的兒童進行性交，否則最高可處十年懲役刑。

另外，母親的行為屬於《賣春防止法》禁止的「利用親屬關係的影響力逼人賣淫」（第七條第一項），此外她還「收受性交易的全部或部分報酬」（第八條第一項），最高可處五年懲役刑。

從母親到女兒，跨越世代的「悲劇連鎖」

初審時，檢察官在法庭上揭露了新的事實：母親拿女兒賣淫得到的錢，跟繼父一起去玩柏青哥，或是外出玩樂與用餐。多半是因為母親動不動就逼女兒賣淫，久而久之變本加厲，才會如此麻木不仁，覺得這麼做是理所當然的吧。

「如果沒收到錢丈夫就會很煩躁，把氣出在孩子們或是我身上，或者跑去找○○而不回家。我討厭這樣，所以只能繼續給他錢。」

母親回答辯護人的問題，解釋自己逼女兒賣淫的原因。她的回答就像在抱怨自己也是受害者。辯護人繼續發問。

「妳說的〇〇是誰？」

「……丈夫在外面還有喜歡的女人，〇〇就是那個女人。」

「也就是外遇對象，或是所謂的情婦嗎？」

「……對。」

不過，母親以「為了生活」為由逼女兒賣淫賺錢，自己卻將這筆錢花在夫妻倆的約會上也是不爭的事實。辯護人繼續發問。

「當妳跟丈夫為了用餐等目的外出時，妳知道這段期間女兒在做什麼嗎？她在家裡照顧弟弟，一直在等你們回來。妳跟丈夫出去玩時，有沒有想到過女兒？」

「沒有。」

「用女兒賣淫賺來的錢出去玩，妳難道不會猶豫嗎？」

「因為我父母就是這樣養大我的。我也是十幾歲時就做援交，不斷賺錢給父母。如果不給錢，媽媽就會對爸爸施暴，所以我才拚了命地賺錢。」

少女的母親吐露自己難堪的往事，接著表明現在的真實心情：「我還是想跟丈夫重新來過。」

「媽媽和爸爸害我無法過普通的國中生活，自己的身體已經髒了。就算是親生媽媽，我也絕對無法原諒她。我再也不想跟他們住在一起。」檢察官宣讀女兒的供述筆錄，接著繼續訊問被告犯案的動機與背景因素，此外還嚴厲地質問被告：「妳只是把女兒當成搖錢樹吧？」

然而，母親完全沒對自己與丈夫的過錯表達反省之意，也沒對女兒道歉，看上去一點罪惡感也沒有。

用不像法官的語氣大聲斥責

辯護人與檢察官問完問題後，負責本案的杉村鎮右法官以怒吼似的語氣，粗聲粗氣地從法官席上提問。

「妳覺得在外面養情婦的丈夫愛妳嗎？」

「不覺得。」

「既然這樣，妳要如何跟不愛自己的人重新來過？」

「…………」

「妳知道她過去都是抱著什麼樣的心情嗎？聽到妳說的那些話，妳認為她有辦法邁出新的一步嗎？」

平時很冷靜的杉村法官，用「她」稱呼被告的女兒，大聲質問被告。一定是因為看了辯護人與檢察官的訊問後，他判斷「用平淡的語氣說教，無法撼動這名被告的心」吧。

「妳應該能為她做點什麼吧？在你們出去玩的期間，她不僅被迫賣淫，還要照顧弟弟耶。就是因為顧慮弟弟，她才會沒辦法向公家機關求助，也沒辦法逃跑。妳難道不能把我當成她，說幾句為她著想的話嗎？妳做了很惡劣的事耶！」

「只想到自己與丈夫的未來，不在乎她的感受，也未免想得太美了吧！」

這一席激動的訓話裡，還摻雜了其他法官不會在法庭上使用的日常口語。

被杉村法官一針見血地這麼一罵，母親流下了眼淚。她用顫抖的聲音斷斷續續地說：「對不起……我會更加努力當個母親。真的很對不起。」聽起來就像是竭盡全力從喉嚨深處擠出這句答覆。

日後宣判時，杉村法官宣示處以被告懲役刑三年六個月併科罰金十萬日圓，而且不予緩刑。接著，他直盯著被告，罕見地發表一段很長的訓話。

「家庭是人誕生在這個世界後，最早接觸到的小型社會。我認為，家庭也是決定一個人日後如何與社會建立關係的關鍵場所。站在法院的立場，我們很擔心被妳苛待的她有沒有辦法相信，這個社會值得她活下去。」

「若要重新修補她與社會之間的關係，就必須向她強烈表達『社會不容許這種事發生』的訊息。因此，妳的刑罰不得暫緩執行，妳必須到監獄裡服刑。我認為妳也有必要深刻地了解自己的觀念有多扭曲，以及自己的行為有多惡劣。」

「就算親權被剝奪，在她的世界裡，妳依然是她唯一的媽媽啊。我認為，唯有妳相信她、心裡惦記著她，才有辦法治癒她。」

「請妳把服刑期間，當作仔細思考自己能為她做些什麼的時間。就算見不到面、就算被她怨恨，只要妳一直掛念著她，應該還是能成為支撐她的強大力量。」

被告直挺挺地站在法庭中央，專心聽著杉村法官這席話。杉村法官一直用「她」來稱呼被告的女兒，背後應該有具體的意圖。他是要讓把女兒當成方便的搖錢樹，一直利用她的被告重新注意到，女兒也有必須尊重的獨立人格吧。

其實不只這位母親，公司、學生社團、家長會、同好會等組織或社群裡，也有許多人因自己曾被迫做了不喜歡的事，而同樣地施加於下一代。他們是覺得，如果不這麼做就「只有自己吃虧」吧。

但是，若要打造比現在更加光明的未來社會，即使自己會吃虧，也必須鼓起勇氣打斷「負的連鎖效應」才行。相信杉村法官的嚴厲斥責，以及之後充滿人情味的訓話，一定會成為契機，斬斷這個家庭黑暗的「負的連鎖效應」。

13

「有人願意等你。
請你今後好好重新做人。」

奢侈的生活，突然因為東窗事發而上演逮捕戲碼。法官讓看似失去一切的被告發現的唯一希望是？

〔2015年5月12日　福岡地方法院小倉分院〕

出手異常大方的上班族

那個男人突然買了房子。土地加上建築物，總共花了約八千萬日圓。在北九州市，如果拿得出八千萬日圓，就能蓋一棟規模不小的豪宅了。他在屋內擺了一臺約一千萬日圓的大型平台鋼琴，還買了一把四百萬日圓的小提琴。此外也買了新車。

「我靠股票賺了不少錢。」

他這麼向妻子說明。男人在外面出手也很大方，不僅到高級俱樂部狂歡，還送公司的女同事珠寶，天天過著豪奢的生活。

某天，警察持逮捕令前往這棟豪宅，將屋主帶走。因為他涉嫌業務侵占，盜用公司款項。得知丈夫之前說的「我靠股票賺了不少錢」是謊言，妻子內心的震驚表露無遺。

男人過去盜用公司款項的餘罪實在太多，警方為了查明全貌而花了許多時間搜查。光是有證據可以證明的犯案次數，三年多來就有八十四次，總共從公司的銀行帳戶挪用了一億三千多萬日圓。

「我從二十年前就開始這麼做，挪用的金額應該有五億日圓左右。」

面對警方的詢問，男人坦白供出金額大到令人咋舌的餘罪。自從進了這家公司後，男人就在總務與財會等部門累積資歷，有段時期財會業務由他一人負責。他就是趁那個時候，偽造公司的存款餘額證明書、竄改會計帳簿，藉由這種方式混淆金錢流向。男人便是使用如此大膽的手法，彷彿從自己的戶頭領錢一般，持續盜用公司資產。

雖然公司也有疏失……

正直的財會負責人在工作時，即使計算公司的款項，也不會從數字聯想到真實的一捆捆鈔票吧。但是，這個男人不一樣。他甚至萌生想用公司的數百萬、數千萬日圓大玩特玩的念頭，而且真的付諸實行。

就是因為有這種少數的害群之馬存在，日本人在進入公司就職時才必須向家人或親戚低頭，拜託他們當自己的身分保證人跟公司簽訂契約。

身分保證書是一種重要文件，當員工對公司造成經濟上的損害時，身分保證人承諾會負起連帶保證責任。不過，絕大多數的新進員工本來不需要簽訂如此可怕的契約。

這起案件的男人可說是透過操作沒人檢查的公司帳簿，沉溺在自己擁有的權力中的例子之一。男人任職的公司用途不明的金額，確實在二十年內膨脹到五億日圓左右，跟男人自白的盜用總金額一致。

單純計算的話，就是每年平均消失兩千五百萬日圓，不過二十年來都沒發現的公司也有疏失。公司一定是認為「我們的員工怎麼可能盜用公款……」，很天真地相信財務沒有問題吧。

即使只是暫時的，把財會業務交給一名員工處理的公司也有責任。就算委託外部專家也行，公司應該以客觀角度檢視公司財產的動向。不過，跟公司的責任相比，男人犯下罪行的刑事責任要重多了。

「他的家人就只剩下我而已。」

男人為了把錢還給公司，變賣了豪華的住宅與鋼琴、小提琴、汽車等物品。然而，全部的錢湊起來也只有三千多萬日圓。

「雖然現在後悔也來不及了，不過要是自己當初不裝闊，過著符合經濟能力的生活，就不會演變成這種情況了。要把挪用的錢全數還給公司對我來說有困難，真的非常抱歉。接下來我只能以服刑的方式贖罪了……」

這般反省後，男人低下頭來。

妻子並未出現在法庭上。據說男人遭到逮捕後，妻子就跟他離婚了。旁聽及採訪審判這麼多年，我從中發現了一項事實：即便犯的是同樣的罪，有些被告有家人保護，有些被告卻被家人放棄。

有些家人會為了接受審判的被告，以品格證人的身分出庭，向法官承諾會監督被告日後的生活，協助他改過自新。即使沒有親自出庭，也會寫請願書懇求法官「從輕發落」，由辯護人提交給法官當作證據。

雖然經由一項罪行感受到家人之間的團結也是很諷刺的結果，不過有機會感受到這一點，就已經很幸福了吧。

這起業務侵占案的審判中，代替男人的前妻以品格證人身分出現在法庭上的，是他年過八十的老母親。據說她把自己的棺材本與存款兩百萬日圓，全賠給了兒子任職的公司。

「兒子已經離婚，而且也沒有孩子，現在他的家人就只剩下我而已。只要我還活著，就會繼續等兒子回來。」

母親用微弱的聲音明確地這麼回答，然後向法官深深低頭行禮。

宣判當天，柴田壽宏法官宣示處以男人六年懲役刑，而且不予緩刑。

「被告對公司造成鉅額損失，只為了自己的利益與玩樂而花光盜領的公款，其動機無酌量的餘地，責任重大。」

柴田法官嚴厲地指出男人的過錯。

宣讀完判決理由後，柴田法官留意著坐在旁聽席的母親，對男人這麼說。

「有人願意等你。請你好好反省，今後重新做人。」

雖說是自作自受，不過我相信，讓犯了罪而失去多到超乎想像的人事物、陷入絕望的被告發現「自己還剩下希望」，也是法官的重要作用。而能夠發揮這個作用的法官，正是會連宣判之後的事都負起責任一併考量，為了維護社會和平而盡力的人物。

14

妳應該有著能比別人更加努力的才能。

克制不住偷竊的欲望……面對心靈遭「偷竊癖」侵蝕的一流運動員，究竟法官送給她什麼充滿「敬意」的話呢？

〔2018年12月3日　前橋地方法院太田分院〕

偷竊犯的錢包裡放著三十萬日圓……

這是十多年前的事，我趁著採訪四國某場審判的空檔，旁聽另一場竊盜案的審判。

該起案件是一名中年主婦偷了超市販售的食品，這在法院是很常見的案件，但令我驚訝的是「犯案當時，被告攜帶的錢包裡有現金三十萬日圓」這項事實。

我完全無法理解，促使這位主婦犯案的背景因素。因為當時，我還不曉得「偷竊癖」的存在。

偷竊癖（cleptomania或kleptomania）是一種精神症狀，患者會產生一股想偷他人東西的衝動，但這股衝動並非出於經濟因素，在日本又稱為「竊盜症」。

精神疾病的國際診斷標準《DSM-5》指出，人一生中罹患偷竊癖的機率是「百分之零點三～零點六」。這個比例大概是每一百五十人到三百人就有一人罹患偷竊癖，機率比想像的高，因此就算你身邊有人是偷竊癖患者也不奇怪。

曾有新聞報導某位獲選為日本田徑國手的女性運動員，兩度因為偷竊而遭到逮捕，而她之前就有五次被處以罰金等刑罰的前科與前案紀錄。這種一再偷竊的行為，也被認為是偷竊癖所引起。

有偷竊癖的人，其實也跟其他人一樣都明白「偷東西是不對的」。可是，精神狀態卻逼得他們非偷不可。這完全就是一種成癮症狀。

治療勝於處罰

據說身為第一線運動員的她，因為嚴格的體重限制與多年的訓練而罹患進食障礙。於是，她就跟其他的偷竊癖患者一樣，遭到「購買遲早都會吐出來的東西很浪費錢」這種心態侵蝕。

她在前一起偷竊案的緩刑期間，再度偷了東西。

有偷竊癖的人並不是什麼都偷，他們偷竊的東西通常以食品為主。尤其是曾經嚴格減肥，因而無法吃下食物的進食障礙，也被發現跟偷竊癖有密切關聯。

進食障礙是一種「肚子餓但吃不下去」，令人痛苦不堪的症狀。如果症狀始終沒有改善，就會陷入無法維持生命的危機狀態。

一吃東西就會吐，這種症狀若是持續下去，「不想把錢花在反正最後都會吐出來的食物上」這種自私的念頭就會占據內心吧。

或許有人會傻眼，覺得他們怎麼會有這種惡劣的念頭。不過，如果把偷竊癖重新定義為，無法正常控制自身行為的「竊盜症」或「偷竊成癮症」，便會發現與其處罰偷竊者督促他反省，將偷竊者視為一種「患者」以治療為優先才是比較合理的做法。

尊敬被告運動員的一句話

至今我旁聽過好幾起偷竊癖的竊盜案審判，發現這類案件都有這樣的共同點：偷竊者絕大多數為年齡在二十歲到三十歲的女性，她們都是在超市或超商偷拿食品。

此外，即便沒嚴重到罹患進食障礙的程度，大多數的偷竊者都曾一再經歷痛苦的減肥與復胖過程。

減肥是大部分的女性都嘗試過的日常活動。但是，鮮少人知道減肥的背後，潛藏著可能會一再偷東西而淪為犯罪者的風險。

另外，據說逼自己嚴格減肥，最後罹患進食障礙的根本原因，是當事人曾因身材或容貌遭他人無情地羞辱。

當事人為了讓對方刮目相看，過度在意身體比例，進行極端的禁食，最後卻害自己面臨接受不了食物的諷刺結局。

那些有進食障礙或偷竊癖的女性，或許可以說是社會的被害者，因為她們擺脫不了對美的嚮往，不斷追求「苗條的身軀」或「完美的身材」。

關於女性運動員因嚴格減重，罹患偷竊癖一再偷東西的案件，這次負責審理的奥山雅哉法官認為：

「被告適合再給一次於社會之中更生的機會。」

於是做出了充滿溫情的判決，特別再次給予緩刑。

之後，奥山法官這般補充道。

「雖然水準比不上妳，我偶爾也會以業餘跑者的身分參加比賽。曾與世界對戰過的妳，應該有著能比別人更加努力的才能。請妳今後繼續努力，成為能給各個領域裡，跟妳一樣為這種症狀所苦的患者帶來勇氣的人物。」

聽完這席話的她行了一禮向法官道謝，閉庭後馬上就獲得釋放。

她是因為不斷責備不得已變成偷竊慣犯的自己，才使得過去的榮光黯然失色，完全喪失了自信吧。相信奧山法官直白的訊息，一定能讓身心俱疲就快無法重新站起來的她再度恢復自尊心。

15

請妳在回程的電車裡，跟父親好好聊一聊喔。

被告是一名「瘋狂追隨」前小傑尼斯成員的女子。法官是如何開導，供稱「只要看著他的臉就能獲得療癒」的被告呢？

〔2006年4月18日　東京地方法院〕

不停止埋伏的女子

一名四十幾歲的女子，因無故闖入並長時間滯留在某公寓的用地內，被當作侵入建築物的現行犯逮捕。

相信讀者當中，應該也有不少人曾在走累了，或是下大雨時，暫時走進路邊的大樓用地或大樓內休息吧。這種行為嚴格來說也觸犯了侵入住宅罪。只不過，大樓的房東通常會覺得「這點小事就算了」，不會追究。

可是，這名女子的行為卻讓人無法容忍。女子闖入的公寓裡住著一名二十幾歲男子，曾是小傑尼斯成員的他退出演藝界後就在一般企業任職，女子則是他的粉絲，從他退出小傑尼斯之前就一直追隨著他。

男子退出後，女子向其他粉絲打聽到男子的住處，她的追星行為也越來越誇張。例如她會在男子通勤時與他搭乘同一節電車車廂，從遠處注視著他，還不斷寄信到男子家，最後更是搬到男子住的公寓附近，幾乎每天埋伏等他下班回家。

雖然男子已向警方報案，但女子並未停止埋伏。情況甚至嚴重到，東京都的公安委員會依據《跟蹤騷擾防制法》向女子發出禁止命令的程度。不過，女子仍舊一意孤行，違反禁止命令繼續埋伏，最後終於遭到逮捕。

據說警方進行詢問時，女子表示自己是因為「只要看著他的臉就能獲得療癒」、「想獲得活力」等原因才會犯案。

趕到東京法院的父親

成為被告接受審判的女子，一副很不自在的樣子縮著肩膀，以絕對不會對上旁聽人目光的姿勢坐在座位上等待開庭。

檢察官在陳述起訴要旨時，以宏亮的嗓音說明被告對男子糾纏不休、持續多年的跟蹤行為實際情形。

辯護人則請求法官，訊問能在法庭上提供對被告有利之證詞的品格證人。被告的父親為了向法官保證女兒會改過自新，從老家名古屋趕來東京，站上了應訊台。

「身為父親，我真的是丟臉極了。」

「可能是我的管教太過嚴厲，給女兒造成了精神負擔。」

父親這麼說後便哽咽起來，抽抽搭搭地一再說著「太丟臉了、太丟臉了」。

「被告的爸爸，請你冷靜一下。」負責本案的村上博信法官柔聲安撫父親，這時父親一副下定決心的態度回答：「我會把女兒帶回老家。然後，每天照看、監督她的生活。我認為這是自己所能做到的最大補償。」

剛剛父親才反思自己教育孩子的方式，表示「是嚴厲的管教給女兒造成精神負擔」。希望這位父親今後能在不造成女兒精神負擔的範圍內監督她的生活……就在我於內心如此祈禱時，品格證人的訊問結束了，接著進行訊問被告程序。

雖然尊重被告扭曲的想法但也不忘勸導

從法庭上的說明可知，女子曾有過一段婚姻。不過，自從她生病而無法生子後，與丈夫的關係也產生裂痕，最後兩人就離婚了。除此之外，她還被任職的公司裁員。

女子是否想藉由迷戀小傑尼斯來忘記日常生活，消除自己對未來的不安呢？另外，她也可能是將無處安放的母愛，直接灌注在受害男子身上吧。

訊問被告程序也到了尾聲，村上法官詢問女子：

「雖然我不清楚，他算不算帥哥……是不是帥氣的藝人，不過，妳是看到他從事演藝活動時堅持努力的樣子，才會對他投入感情嗎？」

被告一語不發地點頭。

「不過，如果是國中生之類的小女生倒也罷了，以妳的年紀應該還是能區分清楚，要如何面對像他這種活在不同世界的人。可是妳卻做到這種地步，這樣很不正常吧？」

村上法官指著檢察官提出的證據文件這麼問道，法庭暫時陷入一陣沉默。

「起初妳對他或許只是崇拜，但接下來感情就逐漸變質了，而妳自己卻沒發現。」

被告供稱「但是，我就想看著他」、「只要見到他就很開心」，村上法官聽了之後直截了當地說「妳這是在耍任性、鬧脾氣呢」，接著勸誡被告：

「這也是妳的個性，我不會叫妳改，但希望妳至少要注意到，妳會以自己的感情為優先，並且任由它爆發。這是身為社會前輩的我給妳的建議。」

語畢，村上法官宣布訊問被告程序結束，接下來檢察官的論告與求刑、辯護人的言詞辯論等程序也很順利地結束了。

「請稍等一下喔，待會兒就會做出判決。既然父親都專程來東京一趟了，請妳今天就一起回名古屋。可以嗎？」

村上法官在說出這句話時，就已經暗示判決會給予緩刑。

接著暫時休庭，幾分鐘後村上法官回到法庭，宣示處以被告一年懲役刑，緩刑三年。

村上法官豎起右手食指，這般建議被告：

「請妳在回程的電車裡，跟父親好好聊一聊喔。」

當時村上法官的表情非常可愛。被告或許該洗心革面，成為村上博信的粉絲才對。

16

「我個人並非不同情你……
請你好好加油。」

一對男女在職場相識，不久就展開同居生活。不過，男人有絕對不能結婚的苦衷。面對這個被年輕時輕率做出的錯誤判斷折磨了20多年的男人，審判長會做出什麼樣的判決呢？

〔1993年10月28日　大阪地方法院〕

命中注定的相遇，以及別離

兩人是在同一家柏青哥店工作繼而相識。不可思議的是他們的價值觀很合得來，從認識的第一天起就相談甚歡，笑容不斷。無論男方還是女方，或許都覺得自己遇到了命定之人。因此不久之後，兩人在大阪府的小公寓展開同居生活，可說是非常自然的發展。

後來，兩人一起向柏青哥店遞出辭呈。因為遇見了命定之人的他們，決定趁這個機會搬到其他城市，並且換個工作。

男人在新公司擔任焊接工人，他在年輕時曾在鐵工廠工作，有相關經驗，因此獲得錄用。焊接技師也是專業人員，所以有特別津貼，薪資相當不錯。

「說不定，他也有在考慮結婚。」

女人有這樣的直覺。

然而，男人卻完全不肯向她求婚。

「維持現狀有什麼不好？」

見男人態度驟變，女人質問他原因。

「無論有沒有結婚，我們不是都能像現在這樣一起生活嗎？」

男人有無論如何都不能結婚的理由。但是，他怎麼也不肯告訴女人理由是什麼，只是一再搪塞、矇混、敷衍她。

女人終於感到厭煩，向男人提出分手，然後帶著整理好的行李搬出去。屋內頓時出現一個空蕩蕩的大空間，好似象徵著男人的寂寞。從那天晚上開始，男人就不斷借酒澆愁。

一切都要歸咎於自己種下的惡因。他不禁覺得，一直欺騙心儀的女人，連婚都沒辦法結的自己，實在是很沒出息的男人。他幾乎每晚都責備自己，罪惡感侵蝕著他的內心。

之後，男人為了換個工作重新出發而展開行動。但是，他連身分證件都沒有，因此一直找不到願意僱用自己的公司。以前就算沒有身分證件也有不少地方肯給工作機會，但自從年號從昭和變成平成後，這種不拘小節的時代就要結束了。

由於生活實在很不方便，再也受不了的男人決定到附近的警察分局投案。他向警察說明完所有的事情後，便直接遭到逮捕。

原來男人是因為二十幾歲時犯下的兩個錯，導致人生的選項大幅縮減，親手把自己逼到走投無路。他犯的第一個錯，是拿刀砍了女性熟人害對方受重傷，結果遭到逮捕。另一個錯，則是他害怕面對這個罪行的判決而逃走了。

一直使用假名躲避搜查

二十二年前，因傷害等罪名遭到起訴的男人，在法庭上堅稱「我沒砍人」，矢口否認犯案。進行訊問被告程序時，無論檢察官與法官怎麼問，他就是一口咬定「我沒砍人」。之後，因為法院、檢察官與辯護人的時間喬不攏，下一次的言詞辯論期日遲遲決定不了，法院便同意讓男人暫時交保。結果一離開拘留所，男人就棄保潛逃了。

如果逃亡，男人繳給法院的保釋保證金就會遭到沒收。但他一心不想受到有罪判決，所以選擇了「能逃多久就逃多久」這個禁忌選項。

要過看不到未來的逃亡生活，必須先找到住處與工作。男人先是使用假名進入貨運公司，擔任送貨員。不過，因為駕照的有效期限快到了，男人認為自己沒辦法在貨運公司工作太久，於是改到不需要駕照的鐵工廠任職。他就是在那裡學會焊接技術。

接著又改到柏青哥店工作，認識了故事開頭的女子，然後與對方同居。直到分手的那一天，男人都是用假名跟女人交往。由於不能暴露本名，他也沒辦法跟女人結婚。他現在的身分連信用卡都辦不了，所以他都假裝自己是「現金主義者」。在二十二年的逃亡生活中，男人一直在欺騙他所遇到的每一個人。不過最後，他終於放棄逃亡，主動到警察分局投案。

另外，由於男人是在遭到起訴、開庭審理後逃走，不管逃了幾年都沒有時效問題。

逃亡二十二年後的實刑判決

時隔二十二年再度進行審判時，男人一改過去的態度，在法庭上全盤認罪。然後，他當著負責本案的七澤章審判長的面，吐露自己的真實心情：「不管逃到哪裡，自己都沒辦法過穩定的生活。」他打從心底後悔「早知道當時就不逃走了」。

宣判當天，七澤審判長宣示處以男人三年懲役刑，而且不予緩刑。如果二十二年前男人沒有逃跑，乖乖接受判決，三年後理應就贖完罪，可以重新來過。然而，男人卻不正視自己的罪行，反而不斷逃亡，結果把問題拖到現在。到頭來，逃亡生活完全沒有解決男人面臨的問題。

「被告在逃亡期間，一直使用假名過著不便的生活，吃足了苦頭，可以說他已受到實質上的社會制裁。但是，逃亡生活完全無法當作有利於減刑的因素納入考量。法院不容許出現『逃跑更有利』的結果。」

七澤審判長淡淡地宣讀實刑判決的理由。接著緩慢地抬起頭，注視著男人繼續說道。

「現在的你看起來，實在不像以前做過壞事的人。逃亡期間，你應該深刻反省過了吧？我個人並非不同情你，但你還是得為自己做過的事負起責任。」

不過，由於男人逃亡前後被收容在拘留所的時間總共有一年半左右，七澤審判長特別適用「羈押日數之折抵」。也就是決定以審判開始之前男人被羈押在拘留所的日數折抵刑期，當作他已服了一年半的刑。

「你實際受到的刑罰是大約一年半的懲役刑。請你好好加油。」

惡其意，不惡其人……實際體現這句話勸誡男人的七澤審判長，給了他法律所能容許的最大溫情，然後就這樣宣布閉庭。

17

「以前我也曾經很沉迷柏青哥……你也一樣，只能靠自己的意志力戒掉了。」

為了督促犯下重罪的被告改過自新，法官用心良苦，在法庭上自曝什麼樣的「黑歷史」呢？

〔2007年3月7日　青森地方法院〕

賭博成癮者的凶惡行徑

柏青哥店裡，一名男子咬著嘴脣，惡狠狠地瞪著眼前的機臺。因為他已坐在這裡打了好幾個小時，卻一次也沒有中獎過。他只能眼睜睜看著鋼珠一顆接著一顆消失在機臺裡，獨自面對這個無情的現實。

男子聽聞「這家店中獎機率很高」，特地搭電車從隔壁縣跑來挑戰……沒想到，身上的錢很快就要花光了。

就在他完全失去理性，連回程的車資都拿去換鋼珠，打算一次翻盤時，他注意到一名女子中了大獎，正笑容滿面地準備離開柏青哥店。

男子尾隨那名走路回家的女子一段時間，然後從背後攻擊她，打算搶走放著錢包的肩背包。由於女子激烈抵抗，男子也火大了，他使力拉扯包包的背帶。女子被他這麼一扯摔倒在地，男子接著對她施暴洩憤，害女子受了傷。

因此，男人的罪名從竊盜升級成「強盜傷害」。由於他對抵抗的女子給予反擊，才會變成最高可處無期懲役刑的重罪。（譯註：日本並無搶奪罪，搶劫行為通常以竊盜罪論，但也會視犯案時的情形改以強盜罪、強盜傷害罪等罪名論之。）

法官的一句話改變了法庭的氣氛

男人有賭博成癮症，一直戒不掉柏青哥。以前他曾請家人代為償還自己打柏青哥欠下的債務，因此他現在應該不希望家人知道，自己又因為打柏青哥導致錢不夠用吧。

「為什麼你戒不掉柏青哥呢？」

「你就不能過更有規劃的生活嗎？」

「為什麼你不能專心治療成癮症呢？」

審理時，法庭內瀰漫著一股義正辭嚴地指責男子的氛圍。男子坐在應訊台前，低著頭縮著肩膀，努力忽視那些刺耳的話語。

一直過著正經生活的檢察官與辯護人可能怎麼也無法理解，為什麼會有人戒不掉像柏青哥那樣的遊戲，搞到自己身敗名裂，連精神都出問題。

這時，室橋雅仁法官緩慢地開口說道。

「以前還沒當法官時，我也曾經很沉迷柏青哥。」

聽到法官意想不到的「坦白」，男子吃驚地抬起頭。室橋法官繼續吐露自己的往事。

「我還跟父親借錢打柏青哥，但最後仍舊把錢輸光光，當時我心想：『把老爸辛苦賺來的錢花在這種事上真的好嗎？自己到底在做什麼呢？』從此以後，我已經有二十年沒打過柏青哥了。」

「你也一樣，只能靠自己的意志力戒掉了。」

男子卑劣的犯罪行為，確實沒有同情的餘地。不過，男子自己也反省並感到後悔了。這時要是連法官都跟辯護人及檢察官一起，有如窮追猛打一般開始說教，男子有辦法心服口服接受判決嗎？

這種情況就像是大人如果吼孩子「快去念書！」，孩子就會覺得「我剛才本來就想去念書了啊！」繼而產生叛逆心理。這樣一來，反而有可能降低孩子念書的動力，造成反效果（聽說這種現象稱為「心理抗拒效應」）。

這時如果向孩子分享自己的往事，例如「我懂你不想念書的心情。媽媽以前也是這樣喔，聽到外婆一直叫我去念書也是覺得很煩」，然後再給孩子建議，例如「不過，念書也有它的樂趣喔，好比說可以擴展眼界」，應該就能大幅減輕孩子的心理壓力吧。

我覺得，室橋法官所做的嘗試就類似這種方法。最後這位柏青哥搶劫犯，被判處五年六個月的懲役刑，而且不予緩刑。

法官也曾吐露遭到霸凌的往事

說話慢條斯理，句尾常加上「喔」或「呢」的室橋法官，他的法庭常常顛覆一般人對審理犯罪者的刑事審判之印象。

除了前例之外，還有一場審判也令我印象深刻。該案件同樣發生在青森縣內。一名四十幾歲的男性自衛官，因為在路上隨機對女性露出下半身，被以公然猥褻罪起訴。

男子向負責審理這件案子的室橋法官說明，他的犯罪動機是「受自衛隊內部的人際關係所苦，因而累積了壓力」。

當時，室橋法官向男子分享了自己孤獨又痛苦的往事。原來室橋法官就讀國中時曾遭到霸凌，而且沒有人願意幫他講話，大家都排擠他。

「不過我還是忍了下來，並且努力讓自己成為能為他人盡一份力的人。你應該也很痛苦。不過，還是要請你約束自己重新做人。」

聽完這席話的自衛官因為太過感動而哽咽起來，他用哭腔發誓將來會改過自新。也許他是重新想起為了保護祖國而加入自衛隊時，自己的雄心壯志與使命感。

室橋法官是個經歷很特殊的人物，據說他原先是在中央政府任職的官員，後來通過司法考試，才轉換跑道成為法官。雖然室橋法官在司法考試合格者當中也是出類拔萃的超優秀人才，不過他應該直覺感受到，這樣的立場在刑事法庭上反而不利吧。

被告與法官若是一開始就以「住在不同世界的人」之立場面對面，被告有可能會產生戒心，不願意溝通。

室橋法官之所以刻意在公開的法庭上揭露自己丟臉的往事或黑歷史，試圖引導出被告的真心話，應該是因為他認為「只是下判決的話，案件完全沒獲得解決」、「想要製造機會讓眼前的被告能夠改過自新」吧。

18

「昨晚下了雪，賣石頭烤地瓜的老伯拉著攤子走過來……」

被告是在東京犯案30多年的傳奇扒手。法官是如何面對在法庭上發誓再也不做扒手的他呢？

〔2010年3月10日　東京地方法院〕

18

扒手打來的預告電話

在今年的最後工作日即將到來的年底早上，專門取締竊盜犯的警視廳搜查三課接到了一通電話。（譯註：警視廳為東京都警察局總局。）

「警察大人，我金盆洗手了唷。今天我會去大井賽馬場，但不會犯案喔。」

搜查三課的警察們憑著多年的經驗與直覺，判斷這通電話極有可能是竊盜老手在挑釁警方。

當天大井賽馬場（東京都品川區）將從下午四點三十分起舉行地方賽馬的G１賽事「東京大賞典」。此時距離比賽開始的時間還有六個多小時。

於是，不只大井賽馬場，都內其他的賽馬場與場外賽馬投注站（ＷＩＮＳ）也派了許多刑警，在現場嚴加戒備。

就在將近下午四點時，與東京巨蛋相鄰的「ＷＩＮＳ後樂園」（文京區）用地內終於有了動靜，原來是發現了三課密切注意多年的男人身影。這個人是只在賽馬場與場外賽馬投注站等賭博場所出沒的扒手，大家都叫他「賭博的阿武」。阿武正遠遠地看著出入賽馬投注站的路人。

過了不久，阿武鎖定了一個男人，對方正興奮地盯著螢幕上繞著馬匹亮相圈行走的參賽馬。阿武緩慢地靠近他，接著打量起掛在男人脖子上的小包包。就是因為這種只顧著看賽馬卻不注意周遭狀況的人實在很多，阿武才會以賽馬場或場外賽馬投注站作為「主戰場」吧。

阿武先是若無其事地用對折兩次的體育報遮住自己的手，然後故作鎮定偷偷拉開包包的拉鍊。

這個時候，竊盜未遂罪已經成立，不過正在跟監的刑警們為了獲得偷竊的決定性證據，刻意繼續觀察阿武。

就在下個瞬間，刑警確定阿武從包包裡抽出錢包後，立即一起衝上去制伏他。他磨練多年的「熟練技術」，最終敗給警視廳的嚴密戒備。

負責審理的是那位法官

正好那陣子，我也旁聽了另一名主要在巢鴨犯案、有二十項前科的扒手（當時八十歲）的審判。這位「賭博的阿武」跟那名扒手一樣，半輩子都在監獄進進出出，所以旁聽時我將這兩場審判拿來比較。

都會區有不少跟這個案例一樣，遭警方密切注意的竊盜慣犯。該說是時代的諷刺嗎，他們的年齡層也越來越高了。如今想幹壞事的年輕人，可能不會選擇當扒手，而是跑去從事網路犯罪或匯款詐騙等犯罪行為。

據說阿武在接受詢問時對警方說「這次被警察大人逮個正著，是我徹底輸了」，以這種獨特的說話方式表達「投降」之意。

負責這場審判的人是室橋雅仁法官。

他是一位擅長大膽吐露「我以前也很沉迷柏青哥」之類的往事，藉此觸動被告的心，促使對方改過自新的人物。

阿武也在法庭上供述：「投降也沒關係了。這次我真的要金盆洗手，不偷東西了。畢竟年紀也不小了，我想要正正當當地過完剩下的人生。」法庭裡的每個人應該都不相信，阿武這發誓未來會改過自新的宣言吧。

室橋法官也一再向他確認，這次真的是最後一次犯案，以後不會再當扒手了嗎？這也難怪。畢竟他事前打電話跟警方說「我已經金盆洗手了」、「不會犯案喔」，結果卻在場外賽馬投注站偷別人的錢包。

不過，說不定他原本就打算，如果向警方挑釁後，自己的行竊以失敗收場的話，就把這個結果當作是一個好機會，真的就此金盆洗手。

用昨晚實際發生的事勉勵被告的法官

宣判當天，室橋法官向阿武宣示實刑判決，要他立即入監服刑。因為他過去有太多前科，實在沒辦法給予緩刑。

不過，從阿武之前在法庭上的言行隱約可以看出，他確實抱著「這次是最後一次」的堅定決心。室橋法官關心上了年紀的阿武，因此在宣布完判決後送給他以下這席話。

「雖然接下來你就要入監服刑了，我還是要請你先顧好自己的身體。也請你不要忘記，上次出獄時是你女兒來接你的喔。我父親也跟你一樣就快到花甲之年了，不過他好像仍在挑戰各種新事物，因為他想留下自己誕生在這世上的證明。」

接著，室橋法官提起自己最近經歷的事。

「昨晚下了雪，我走在街上，看到賣石頭烤地瓜的老伯拉著攤子走過來。他的年紀也跟你差不多呢。」

「那位老伯說，雖然沒什麼客人光顧，他依然每個星期都很努力來這裡賣烤地瓜喔。我當場就跟他買了兩條烤地瓜。老實說，其中一條還是他送我的呢。請你不要忘了，這個世上也有人像那位老伯一樣，好好地面對他人、與他人對話，並且腳踏實地努力謀生喔。」

室橋法官的個人特色，就是不以盛氣凌人的態度宣揚籠統的道德或常識，而是嘗試講述相當詳細且具體的故事，與被告分享情景。他是想藉由講述「境遇跟你一樣的人，即使處於逆境仍舊認真努力」的故事，觸動被告的內心深處。

從此以後，我就不曾再看到有關「賭博的阿武」的新聞報導了。相信他一定在認真度過老後生活吧。

19

你有回應送你「人生」二字的那個人的心意嗎……

亦是成功演員的知名音樂人犯下了大錯。宣判之後，法官出示「證物」，向被告提出了什麼奇特的問題呢？

〔2019年6月18日　東京地方法院〕

一再沾染的「名流毒品」

日本鐵克諾音樂團體「電氣魔軌」成員，同時也是第一線演員及藝人的Pierre瀧，在二〇一九年三月因涉嫌違反《麻藥及精神藥物取締法》而遭到逮捕。這個消息震驚了日本全國，以及世界各地的電氣魔軌樂迷。

據說他從二十幾歲起就經常使用非法藥物古柯鹼。《麻藥及精神藥物取締法》規定，持有或使用古柯鹼，最高可處七年懲役刑。

古柯鹼具有強制大腦產生幸福感，使人湧現自信或幹勁的作用。不過，藥效很短暫，大約一個小時後就會失去作用。此外，一天必須吸食好幾次，否則會無法忍受，故容易出現沒有古柯鹼就活不下去的戒斷症狀。

由於每隔一段很短的時間就得購買，在國外又被譏稱為「名流毒品」。一般人若是沉迷古柯鹼，甚至有可能不惜借錢也要繼續購買與吸食。此外，據說古柯鹼比安非他命還要難以擺脫毒癮，恢復正常的精神狀態。

症狀變嚴重後，就會出現小蟲在全身上下亂爬之類的幻覺，使人瘋狂地抓撓皮膚，古柯鹼就是如此可怕的非法藥物。

身為演員的他演技獲得很高的評價。不過，究竟是他發揮原本就具備的才能，還是吸食古柯鹼所帶來的自信，也對演戲工作有幫助……又或者兩者皆是？假如兩者皆是，他在演藝圈能有這樣的成就，古柯鹼在成功因素中又占了幾成呢？包括當事人在內，應該沒有人知道答案吧。

他在電影或電視劇裡展現的高水準演技感動了不少人，但他吸食古柯鹼而遭到逮捕的新聞，似乎讓這些影迷覺得「被背叛了」。也因此之後又衍生出新的風波，例如只因為他是演出者之一，過去一部分的影像作品就被迫整部停止公開播放。

成功背後那股無法完全抹滅的孤獨感

被告遭到逮捕後，接受了臨床心理師等專業人士的毒癮治療課程，據說他在治療過程中發現，自己戒不掉古柯鹼的主要原因是「深夜結束工作，回到家裡只有自己一個人，覺得很孤獨」、「無法向家人訴說煩惱」。

「你現在仍在做音樂嗎？」、「有在跟夥伴討論嗎？」在法庭上提出這些問題的人，是負責這場審判的小野裕信法官。

被告嚴肅地回答：「雖然音樂製作的主導權在搭檔手上，不過今後我仍打算繼續做音樂。只是，現在談論音樂活動還太早，而且也會給搭檔添麻煩。我想，目前必須先改善自己的狀況才行。」

被告口中的「搭檔」，以及小野法官所說的「夥伴」，是指電氣魔軌裡負責作詞作曲的石野卓球。他與被告在尚未出道的高中時代就認識，兩人往來了三十多年。原本大家都推測石野卓球可能會以品格證人的身分出現在法庭上，證明被告今後會改過自新，但他本人卻在社群媒體上否認這件事，當天也確實沒有出庭。

利用物證勸誡被告

後來宣判當天，小野法官宣示被告有罪，依檢察官的求刑處以一年六個月的懲役刑，但予以緩刑。接著，小野法官先聲明「就算你是名人，我也不會刻意加重刑期，或是手下留情」，而後開啟話題。

「不過，有件事我很好奇。」

語畢，小野法官向被告出示一張相片。

「這上面寫著『人生』二字。」

那張相片是檢方提出的物證。應該是搜索住家時，調查官把貼在被告房間裡的紙拍下來當作證物。

「我很好奇為什麼房間裡會裝飾著這兩個毛筆字，後來才知道，那是自從你在獨立樂團展開活動以後，就時常出現在作品中的詞彙。」

「人生（ZIN-SÄY!）」是石野卓球於高中時代創立的獨立樂團，被告也是眾多成員之一。用毛筆寫下的「人生」二字，也曾用於當時的獨立音樂CD封面上。這個樂團亦是電氣魔軌的原型，對兩人而言是青春時代的回憶。

小野法官以雙手舉著拍下「人生」二字的證據相片，向被告提出問題。

「我有三個問題想問你。今後你想怎麼度過『人生』？你認為『人生』是什麼意思？你有回應送你『人生』二字的那個人的心意嗎？寫下這兩個字的人，應該是在與你談論純粹的夥伴情誼，而不是人間的黑暗面吧？」

「向相關人士道歉，或在醫院等設施接受諮商的過程中，你應該會感到迷惘、煩惱或孤獨吧。這種時候，我希望你撫心自問，自己是否回應了寫下『人生』二字的那個人的心意。若要避免迷失自己該在的地方，這一點很重要不是嗎？」

小野法官這席話，明顯提到了石野卓球的存在。也有其他法官會在法庭上談論人生，不過這個案例是向被告本人出示他自己貼在房間裡的「人生」毛筆字相片，所以不會讓人有強迫感。小野法官繼續說道。

「我不知道你未來能否重新展開演藝工作，就算能重返演藝圈，也不知道是幾年以後的事。不過，我衷心期盼總有一天，即使不借助藥物的力量，你也能夠再度獲得社會大眾的關注，被大家稱讚『演技很棒』、『表演得比之前好呢』。」

石野卓球對於這項判決有感而發，在推特（現為X）半開玩笑地留下一則推文。

「想出『人生』這個團名的人可是我呢。所以，最了不起的人是我，其次是法官，最後才是瀧前死刑犯。」

20

「相信一定能讓你們明白，為什麼你們反省的說詞無法打動人心。」

黃金週首日大都會就發生私刑慘案。宣示判決後，審判長在法庭上介紹了哪一首令人感動的「歌曲」呢？

〔2002年2月19日　東京地方法院〕

發生在月臺上的集體暴力

路面冒著濕悶的熱氣，都內的鬧區比平常還要擁擠，雀躍的人潮往來如織。

長假的第一個夜晚，男子與學生時代就很要好的朋友，邊喝酒邊聊沒營養的話題，說說笑笑地度過無比珍貴的時光。男子在居酒屋一直喝到接近末班車發車的時間，才由朋友送他到澀谷車站轉搭東急線踏上歸途。

「喂！給我道歉！是你們的錯吧！」

男子在行駛中的電車內大聲嚷嚷。他怒吼的對象，是臉上仍有幾分稚氣的四名少年。

事情起因於在澀谷車站的月臺上車時，其中一名少年撞到了男子的身體，但那群少年卻滿不在乎地繼續談天說笑。車廂內的其他乘客全都裝作沒聽到男子怒吼，壓低視線。

男子在離自家最近的三軒茶屋站下車，但隨即又轉身走向車廂，雙手按住即將關閉的車門，再度開始對四名少年大聲說教。

男子本來生性就非常討厭不合理的事，再加上此時他又喝醉了，所以才會點燃怒火變得如此激動吧。

就在列車長注意到月臺上的異狀，覺得危險而再次打開車門後，少年們全衝下月臺圍毆男子，對他拳打腳踢。

數天後，四名少年透過電視的新聞報導得知那名被害男子已經死亡，發覺事態嚴重，便利用手機互相聯絡，四人約好全到警察分局自首。

深夜，主犯少年在父親的陪同下來到附近的警察分局，對警察這麼說。

「是我幹的……」

「你幹的？你幹了什麼？」

警察理所當然地反問少年，但少年一臉憂愁答不出來，看不下去的父親便代替兒子說明起來。

「就是三軒茶屋的命案。都怪我監督不周，小犬才會鑄下大錯，做出對不起那位被害者的事。我真的非常羞愧。」

父親一副就要下跪磕頭的樣子，不斷地深深低頭道歉。

加害者跳針似的回答

「我覺得很抱歉。」

「我在反省了。」

在法庭上，每當檢察官或辯護人提出問題，少年們就只是一再道歉。不過，這些道歉聽起來很單調，感受不到歉疚。

「是，對不起。」

「我會反省，今後會努力改過。」

被害男子的遺族坐在旁聽席，咬著嘴唇聽著少年們跳針似的回答。

少年們是以傷害致死案的加害者身分接受審判，但他們的發言與態度卻流露著「受害者心態」，彷彿他們是被捲入了不講理的「官司」。面對一個人的死亡，所有人都擺出「不是我的錯」的態度，完全不肯承受這個無比嚴重的現實。

東京地方法院的山室惠審判長應該敏銳察覺到，他們其實只想敷衍撐到審判結束吧。

之後到了宣判的日子。審判長對這群實行犯少年宣示實刑判決，他們最起碼必須在監獄裡贖罪三年。

雖然法院認為不斷痛毆酒醉男子導致他死亡的集體暴力，是極為惡質的犯罪行為，但因為少年們都是尚在成長的未成年人，將來十分有可能改過向善，才決定處以最短的三年徵役刑。

「贖罪」是什麼意思？

山室審判長將視線從判決文上移開，抬起頭來對少年們提出問題。

「冒昧請問一下，你們聽過佐田雅志的〈贖罪〉這首歌嗎？」

創作歌手佐田雅志在一九八二年發表的〈贖罪〉，是一首令人印象深刻與感動的歌曲，歌詞靈感來自於熟人告訴他的真實故事。

「小裕」因疲勞駕駛而造成死亡車禍，事後他每個月一到發薪日就立刻寄錢給被害者遺孀，直到對方原諒他為止。

車禍第七年的某個月，「小裕」收到了遺孀的信，對方說「你不用再寄錢過來了」，但「小裕」依舊又寄了一段時間。

「若希望無法挽回的過錯能獲得原諒，人該怎麼做才對？」——佐田雅志的名曲〈贖罪〉，即是生動講述了這樣一則悲痛的真實故事。

「贖罪是什麼意思呢？就算只看歌詞也好，相信這首歌一定能讓你們明白，為什麼你們反省的說詞無法打動人心。」

山室審判長這般總結後便宣布閉庭。

如果是一般的法官可能就會直接說教，例如「你反省的說詞很沒誠意呢」、「聽起來像是說說而已」等。但是，畢竟這群少年只想隨便敷衍一下混過這場審判，這種說教也有可能會被當作耳邊風，最後白費功夫。

山室審判長則是引用歌手「佐田雅志」的歌詞，要求少年們比較歌詞中的「小裕」與自己的行動，藉由這種方式讓少年們自行發現自己的反省有多膚淺，而不是硬逼他們反省。

如果不是除了法律與判例的理論外，還接觸時代流行與處世智慧等各種領域知識的法官，應該很難實踐這種勸誡方式吧。

21

世上還有許多人面臨同樣的境遇與煩惱。

面對只鎖定年輕女子，每晚騎登山車從背後「搶劫」的年輕人，法官是如何勸誡他的呢？

〔2013年4月30日　福岡地方法院〕

為了賺學費而搶劫

福岡地方法院舉行了某搶劫案的刑事審判。

一開始先進行人別訊問，確定被告的身分。法官詢問職業，二十二歲的被告這樣回答。

「原本是研究生，現在沒有職業。」

在地方都市當中，福岡是較常發生搶案的地區。不過，發生當地國立九州大學理科研究生屢犯搶劫的新聞還是震驚了社會，並引發大眾強烈譴責。

不消說，案件曝光後，這名男子就被研究所退學了。

男子涉嫌在福岡市的街道上，騎登山車悄悄靠近女性背後，再單手搶走包包，至少有三名女子受害，總共從錢包裡偷走十三萬多日圓。

至於犯案動機，男子回答：「自己沒有足夠的錢繳研究所的學費。由於每天都埋首於研究忙到深夜，所以也沒有時間打工。」

此外，男子也供稱，他打算之後繼續念博士課程，但學費會比現在還要貴，所以他一直很煩惱。

不過，他在念研究所之前，也涉嫌在大學圖書館從三名使用者身上偷走將近六萬日圓。

如果早已有許多餘罪，「念研究所後沒有足夠的錢繳學費……」等狀況就無法引起同情。

扭曲的精英心態

在各種竊盜行為當中，搶劫是格外卑劣的手法。因為被害者有八～九成是女性，嚴重偏向特定性別。其中更有半數以上的女性，是在步行時遭到鎖定。（譯註：在日本，搶劫屬竊盜罪，在我國則屬搶奪罪。）

女性的力氣比男性小、包包裡很有可能放著錢包、就算錢包被偷也不會拚命追趕等，這幾點被認為是女性容易成為下手目標的背景因素。

這位前研究生，似乎專找年紀跟他差不多的二十幾歲女性下手。而且受害者有粉領族也有打工族，即便是算不上特別富裕的人他也照樣鎖定。

從這種犯案情形可以感覺到，男子有輕視他人，為了自己的理想不在乎犧牲他人的扭曲心態。就是因為他有很強的自我意識，自認為是「應當取得博士學位的人」，才會牽連其他人，就算犧牲那些人他也沒什麼罪惡感吧。

男子在法庭上全盤承認自己的罪行。不過，態度跟接受警方詢問的時候一樣，他還是不斷辯解自己是因為「沒有足夠的錢繳學費」等原因才犯案。

只鎖定步行中的女性，騎登山車從背後靠近，一搶到包包就全速逃逸，這可說是無比危險又卑劣的犯罪行為。

不過，辯護人表示，男子已跟部分被害者達成和解。可能是終於下定決心，忍辱含羞向父母等人低頭借錢來賠償被害者吧。不過，要是他再早一點下定這樣的決心，也就犯不著搶劫了。

男子被研究所退學，之前的努力都化為泡影，人生還得重新來過。報紙與電視等媒體都報導了案件，與案件無直接關係的他人也全都加以譴責。

雖然以上幾點可說是男子自作自受，不過辯護人仍主張，既然男子已受到一定程度的社會懲罰，法院應該減輕他的刑責。

毫不客氣戳到被告痛處的法官

宣判當天，負責本案的大橋弘治法官判處男子兩年六個月懲役刑，緩刑三年並交付保護管束。

因為給予緩刑，審判結束後男子就能獲釋。不過，緩刑絕非寬容的處分，法官也不是原諒了男子的罪過。如果三年內再度犯罪就會撤銷緩刑，重新執行兩年六個月的懲役刑。

如果新犯的罪被處以一年六個月的懲役刑，男子總共就得服四年的懲役刑。

而且，大橋法官還要求男子在緩刑的三年期間，必須定期與督促犯罪者改過自新的志工「保護司」見面。

大橋法官應該是考量到這位被告，只靠他自己一人不知道能不能改過自新，才會認為需要保護司持續支援。

「你聽好了。請你千萬不要把學費的煩惱或將來的煩惱，當成犯罪的藉口。世上還有許多人面臨同樣的境遇與煩惱。但即便如此，他們也不見得就會犯罪。」

前研究生被大橋法官這番話戳到痛處，撇著嘴沉默不語。接著，法官在閉庭之前又補上一句話。

「希望你在緩刑期間重新檢視自己，想一想自己為什麼會犯下搶劫罪行。」

若要達成「想在研究所念博士課程」這個目的就需要錢，可是為了錢一再犯罪，結果反而斷了升學之路……。

男子最終走上這種本末倒置的諷刺命運。

人在經濟陷入危機時，關鍵的思考能力也容易下降。此時重要的是不要拖延問題，應盡快做出決定，例如拜託別人幫忙，或是暫時放棄目標。這起案件也讓我自己重新領會到這一點。

希望男子在與保護司多次面談的過程中，能夠重新找出值得自己拚上人生的重要目標。

22

看來你欠缺這種再簡單不過的常識呢。

母親溺愛就讀大學的獨子，父親隻身到外地工作而常常不在家。兒子在好幾年都沒有人進去過的房間裡，偷偷製作了什麼東西呢？

〔2019年3月25日　名古屋地方法院〕

TATP炸藥的驚人威力

事情發生在名古屋市內，某個夜晚，公園突然響起劇烈的爆炸聲。衝擊波頓時襲向周圍一帶，威力大到把玻璃窗震得咯咯作響，原本在家中休息的居民也紛紛從窗戶探頭或跑到屋外，神色不安地察看狀況。那動靜簡直就像是飛機墜落在住宅區一般。還有路人看到，公園深處燃起了巨大的火柱。

第二天早上，有人在昨晚公園出現爆炸聲與火炷的那一帶地面，發現一個很大的圓形窟窿。這種窟窿稱為「彈坑」，是爆炸留下的痕跡，當地面被超越音速（時速約一千兩百公里）的強烈衝擊波撞擊後，就會深陷進去形成一個洞。

警方進行現場勘驗，從現場檢測出微量的TATP（三過氧化三丙酮）成分。TATP是一種非常危險的炸藥，只要受到一點碰撞就會發生劇烈爆炸。

然而，這種炸藥能在附近商家輕易取得材料自行合成。國外的大規模恐怖攻擊事件，也經常使用這種炸藥。

所幸這場爆炸並未造成死傷，不過卻引起社會大眾恐慌，擔心名古屋是否也終於發生恐怖攻擊，搜查便在警方的嚴格戒備下進行。

某天，警方對某家庭公寓的其中一戶民宅進行搜索。搜索的對象，是住在那裡的大學生個人的房間。

才剛搬到這棟公寓不久，警察就突然上門出示搜索扣押票，大學生的母親毫不掩飾內心的驚訝與不安。這位母親不僅溺愛獨生子，而且也不會干涉兒子做的事情。自從兒子升上國中後，母親就再也不曾踏進他的房間。

父親則隻身到外地工作，也鮮少順道回家一趟。幾年來父母都不曾開過兒子的房門，直到這天房間終於被愛知縣警方打開。

出現在門內的是，令母親不敢置信的古怪景象。地上有堆積如山的小箱子與包裹，書桌上擺滿了看似實驗器材的東西，看上去就像個小型研究室。

著迷於化學「力量」的少年

這位大學生從國中時期開始，就對化學有著超乎常人的興趣。他還加入化學愛好者的網路社群，也會把他在房內進行的實驗拍成影片上傳分享。他似乎曾慫恿其他成員「我們來做更危險、可能會讓警察找上門的事吧」。

青春期的男孩子似乎大多對「力量」或「強悍」有著特別的嚮往。想必也有人會在看了動作片或格鬥技後，產生自己也變得很會打架的錯覺而興奮不已吧。

這位大學生會著迷於化學，或許也是因為他在能自己親手製作的炸藥上，感受到能震撼社會的「力量」。即便他不會真的使用炸藥，還是有可能為自己擁有「只要有心就辦得到」的潛在力量暗自竊喜與興奮。

不過，擁有了強大的力量後就不會安分，總有一天會忍不住使用，也是人類的天性。尤其ＴＡＴＰ是極為危險的物質，有可能會在製造過程中突然爆炸，現實中也確實發生過害人失明或斷指的意外。

具備知識與本領的專業研究者不會去碰ＴＡＴＰ。然而，對化學只是略知皮毛的初學者，越容易忽視它的危險性，反倒覺得有趣而想要製作。

這種情況就類似對駕駛技術有莫名自信的司機，越容易開快車，繼而發生重大的衝撞事故。反觀一流的專業賽車手，則非常清楚高速行駛的風險，因此平常都會記得保持安全駕駛。他們的駕駛技術，只用於娛樂觀眾。

另外，這位大學生製作的東西不只炸藥，他還用３Ｄ列印機製作槍枝。

過去必須取得各種零件才能製造槍械，因此絕大部分的製造者都會被發現並移送法辦。但是，現在的時代只要下載形狀檔案，就能在家裡自動「列印出」硬化樹脂製的槍枝。

那把槍就收在書架的內側，前面擺了幾本參考書遮擋。

此外，他居然還在房間裡製作安非他命。據說是年紀相仿的少年透過網路委託他：「你能不能幫我做做看？如果做得出來我就跟你買。」他自己似乎不曾使用過，只是覺得可以貼補購買新實驗器材的費用，便抱著這種輕率的心態製造及販賣安非他命。

外表看起來很文靜老實，做的事卻全是不輸給犯罪組織的壞事。他在只有自己一人的封閉空間裡所做的「實驗」，是不是早已失控了呢？

「好可怕。再也不想扯上關係了。」

初審。戴著黑框眼鏡、看起來很認真的十九歲男大學生，以違反《爆裂物取締罰則》、《火藥類取締法》、《興奮劑取締法》等七項罪名遭到起訴。他全都老實認罪。

他會在公園引爆TATP，也是因為搬家時他不敢將TATP當成行李運送，又不知道該在哪裡銷毀才會犯下罪行。

被告在接受警方詢問時，也把對自己不利的事全都坦白說出來，例如「製作方法能在國外網站查到，需要的材料能在藥局或網路商店買到」、「之前缺了什麼材料時，也曾從高中的理化準備室偷回來」等。

此外，他還反省道：「在我點燃ＴＡＴＰ轉身逃跑時，爆炸氣浪伴隨巨大的爆炸聲，狠狠地撞在我整個人背後，害我差點往前摔倒，實在好可怕。我再也不想跟化學扯上關係了。不想再做了。」

被優渥的環境寵壞

「沒有好好教導他是非善惡，確實是我監督不足。我本身也有該反省的地方。」被告的父親在法庭上向法官低頭道歉，接著又說：「我也很感謝各位警察阻止了小犬的脫序行徑。」

被告是懷著什麼樣的心情，看著親生父親因為自己的關係向別人道歉的模樣呢？

負責本案的神田大助法官嚴厲地指正被告：

「有些事可以做，有些事不能做。看來你欠缺這種連小孩子都懂、再簡單不過的常識呢。」

看來這位被告雖然十九歲了，卻沒有「強大的力量，應該用來保護別人，而不是用來威脅別人」這種觀念。法官在不敢責罵兒子的雙親面前，代替他們斥責兒子。被告則反省道：「經過這件事後，我覺得自己有所成長了。真的很對不起。」

他能夠講出「自己犯下的罪使自己有所成長」這種話，都要慶幸這次並未出現受害者。

後來宣判當天，神田法官宣示處以被告三年以上五年以下的懲役刑，而且不予緩刑。接著，他以平靜的口吻勸誡被告。

「我認為你是因為生長在優渥的環境，被這個環境寵壞才會犯下罪行。希望你在受到一定的制裁後，能夠成為心靈更加充實的人。畢竟你還年輕，請你將來要成為一個能對社會做出貢獻的人。」

神田法官嚴厲地指出，持續在密室裡半玩耍般地製作各種危險物品的被告是「被優渥的環境寵壞」。我覺得神田法官會說出這席話，應該是因為他在法庭上面對過許多缺衣少食、對人生絕望、被逼到走投無路，最後不得不犯罪的人。

這位被告雖然擁有足以理解困難的化學與工學知識的聰明才智，卻不好好利用，結果誤入了本來不可能走錯的歧途。好不容易考上大學，也因為遭到逮捕而自行申請退學了。

最後他在法庭上發誓，今後想在化學以外的領域對社會做出貢獻。

23

「我也有你罹患的其中一種病。請你不要輸給疾病。」

被告趁著業界景氣好時賺了一筆橫財，在六本木Hills過著豪奢的上流生活。面對請求從輕發落的五十多歲老闆，三十幾歲的法官說出了什麼令人意外的話？

〔2010年4月9日　東京地方法院〕

享受Hills生活的老闆

男人經營的公司利潤有增無減，而且成長速度越來越快。他在東京港區中心地帶的六本木Hills擁有辦公室與住宅，過著享受「我的黃金時代」的生活，例如在會員制俱樂部舉辦豪華的派對，或是開高級進口車兜風。

男人經營的是販售銅、鋁、鎳等所謂「非鐵金屬」材料的批發公司。

二〇〇五年到二〇〇八年，全球的非鐵金屬行情急速上漲。原因在於，經濟正在急速成長的東南亞與非洲各國，以及當時準備舉辦北京奧運與帕運的中國，對非鐵金屬的需求持續擴大。

尤其鋁常用於製作窗框、飲料與食品的罐子、電車與飛機的外殼、機械零件、運輸器材等物品。對於想從開發中國家升級到下個階段的國家而言，鋁是必不可缺、眾所矚目的金屬材料，因此國際間一再發生鋁的爭奪戰。

此外，當時的日本正值外匯保證金交易（FX）熱潮。有數百倍的資金槓桿以及穩定的日圓貶值趨勢支持，男人獲得了更多的利潤，天天過著笑得合不攏嘴的Hills生活。

鉅額的逃漏稅曝光

然而，好景不長。因為北京奧運結束後不久，「雷曼兄弟破產事件」就對全球經濟帶來重創，景氣頓時陷入寒冬。

就在這個時候，男人經營的非鐵金屬批發公司遭到國稅局調查。因為公司涉嫌在二〇〇六年到二〇〇八年這三年期間，以虛報費用等方式，逃避繳納約九千四百萬日圓的公司稅。外匯保證金交易獲得的利潤也沒有申報。由於是在財務有餘裕的黃金時期逃漏稅，誰也救不了他。

最後，東京地檢特搜部以違反《公司稅法》之罪名，起訴男人與他的公司。

在這場於東京地院舉行的逃漏稅審判上，辯護人向法官提出一項證據。那就是被告持有的身障手冊。

「被告患有數種心臟疾病，目前正定期就醫接受治療。以辯護人的角度來看，被告的身體狀況無法實際入監服刑。因此，請容我提出這項證據，懇請法官給予被告寬大的判決。」

聽完辯護人的主張後，負責本案的片岡理知法官同意採用男人的身障手冊作為證據，從書記官手中接過手冊查看內容。

此外，辯護人又再提出醫師開立的被告診斷書作為證據。不知被告是不是在六本木的高級診所或其他地方就診，上面似乎列著心臟病等幾種病名，片岡法官也仔細查看這份診斷書。

法官吐露令人意想不到的事實

後來宣判當天，片岡法官宣示處以被告一年懲役刑，並予以緩刑。不過，他這般補充說明。

「我並不是因為你身體不好才給予緩刑。的確曾經有判例是審酌被告的身體狀況，但這次刻意不以這點作為減刑的理由。畢竟就算是身體不好，逃漏稅仍舊難以算是輕微的罪狀。」

片岡法官說得沒錯，確實有判例是因為被告生病而減輕刑罰。舉例來說，曾有男子在書店偷拍女性的裙底風光，結果因為他是白血病患者而獲得緩刑。

「不會判得太輕嗎？」、「生病跟偷拍沒關係吧？」想必有人會產生這樣的疑惑吧。這起案件是因為，醫師在診斷書上載明「當事人有白血病，故沒辦法服刑」，法官才決定給予緩刑。

入監服刑是為了讓被告改過自新重新做人，假如別說是改過，人生還極有可能就此結束，這種風險明顯很高的懲役刑就本末倒置了。這種時候，法官也會嚴厲提醒被告「這是最後一次機會」。

反觀本案，被告並未提出醫師的意見。因此，若要把被告的病當成緩刑的理由，可能會讓法官猶豫。

當時三十五歲的片岡法官，在最後吐露了這項事實。

「我也有你的診斷書上所寫的其中一種疾病。」

上了年紀的人聚在一起時，老花眼或腰痛等疾病很容易成為共同的話題，使氣氛頓時熱鬧起來。不過，年紀相差近二十歲的法官與被告之間，居然有疾病這個共同點，想必被告本人也很意外吧。

說不定還會為自己試圖以診斷書及身障手冊引起法官同情一事感到羞愧。

不過，被告得知彼此都有痼疾這個嚴重的煩惱後，也很有可能會因此敞開心房，認為「自己可以試著信賴這位法官」。

「雖然不能逞強，但還是請你不要輸給疾病。希望你今後仍要努力經營公司。」

片岡法官用堅定的口吻結束勸誡，然後宣布閉庭。

24

孩子是妳的所有物嗎？
他是整個社會的寶貝吧？

將2歲兒子關在家中衣櫥後就外出的母親，因虐兒而接受審判。自己也有養育孩子的法官，在法庭上問了什麼問題呢？

〔2005年2月8日　大阪地方法院堺分院〕

名為「管教」的拘禁

應該有人小時候曾經歷過，被父母罵了一頓後，就被關在上鎖的房間或儲藏室裡，或是被趕出家門之類的情況吧？

有種看法認為，在還很難用言語溝通、罵了也沒什麼用的幼兒時期，以「禁閉」作為懲罰是一種有效的「管教」方式。不過，目的必須是為了讓孩子真正明白自己哪裡做錯了，而且最多十分鐘就應該停止。

以監禁罪（譯註：相當於我國的剝奪行動自由罪）遭到起訴而接受審判的這名母親，起初同樣認為自己是在「管教」兒子。

不過，夏天把兩歲的兒子關在家中衣櫥裡長達三個小時半左右，顯然就不正常了。而且，據說她把兒子關起來的理由是「避免自己外出時房間被孩子弄亂」，這已經不是「管教」了。此外，她還用冰箱擋在衣櫥的外側，讓門完全無法打開，可說是十分「謹慎」。

被這個世上自己最想要信任的母親，關在黑暗狹小空間裡的年幼兒子，內心肯定相當不安與恐懼，害怕到全身都在發抖。

案件曝光前一年，母親跟某個男人結婚，三人展開共同生活。成為丈夫的男人也收養妻子帶來的兒子，與他成為繼父子。但是，男人經常以「玩具亂丟」等理由，反覆做出揮拳毆打臉部等虐待行為。

把孩子關在衣櫥裡的虐待行為，也是丈夫先開始的。據說某次丈夫的朋友來家裡拜訪時，湊巧看到他「管教」繼子的情況，朋友還勸他停手，但丈夫卻一派輕鬆地應付朋友：「沒事沒事，放心，死不了的。」

妻子則完全沒有阻止丈夫的虐待行徑，從來不曾採取具體行動保護親生兒子。

不僅如此，她還學丈夫，每次要外出時，就把兒子塞進衣櫥裡避免他搗蛋。這樣的虐待行為，恰巧就始於她與丈夫之間的兒子出生後不久。

終於發生悲劇

某天，兒童諮詢所的職員來家裡訪問。因為朋友目睹丈夫異常的「管教」後，主動向兒童諮詢所通報。大約三個月的期間內，丈夫不是拒絕會面，就是假裝不在家。不過，職員仍鍥而不捨地持續拜訪。

妻子拗不過職員的毅力，決定與兒子一起會面。當時職員發現兒子的臉上有好幾道瘀血傷痕，於是追問傷是怎麼來的，結果妻子為了包庇丈夫，謊稱「只是跌倒時撞到桌角」。

聽完說明後，職員判斷目前並無緊急安置孩子的必要，便決定當天先回去，改日再來家訪。

慘劇就發生在三天後。丈夫踹繼子的腹部，導致繼子內臟破裂而死，丈夫因此遭到逮捕。當天妻子出去玩，直到深夜才回家。檢察官認為有證據證明丈夫對繼子懷有殺意，故以殺人罪起訴丈夫。之後，妻子也以拘禁兒子的罪名遭到起訴。

用不客氣的口吻質問母親的法官

「對妳來說，兒子是什麼樣的存在？」

負責審判妻子的坪井祐子法官提出問題。

「是很重要的存在。」

妻子小聲回答，坪井法官繼續用不客氣的口吻問道。

「妳會把重要的存在，關在衣櫥裡三個小時以上嗎？孩子是妳的所有物嗎？」

坪井法官的質問聲迴盪在法庭內。

「孩子是整個社會的寶貝吧？」

正因為坪井法官私底下也是一位母親，她在說出這一句話時語氣裡充滿了堅信。在少子高齡化加速進展的日本，這句話顯得越來越重要。

「妳是不是缺乏傾聽能力，不懂得聽取丈夫以外的其他人對妳的提醒呢？可以請妳好好思考一下這個問題嗎？」

妻子可能是因為與丈夫結婚，導致內心產生了變化。那個變化，就是把跟丈夫沒血緣關係的兒子當成「礙事者」。妻子不僅沒有阻止丈夫施虐，更在生下丈夫的孩子後，動不動就拘禁兒子。

或許是因為她過於把心力投注在與丈夫建立的家庭上，才會喪失客觀的感受，察覺不到這個家庭內發生的「異常」情況。

妻子一副被法官說中的模樣，艱難地點頭回答：「好的。」

「長子被關在漆黑的空間裡長達三個小時半，而且也沒有獲得飲料或食物，不僅對健康有很大的危害，其內心的痛苦更是難以想像。被告缺乏身為人母的自覺與資質，明知家中沒有其他人照顧長子依然外出，這是難以原諒的犯罪行為。」

宣判當天，坪井法官先是說明判決理由，嚴厲譴責母親放棄育兒的行為。

「不過，被告才二十幾歲，還很年輕，而且已表示反省。」

因此，坪井法官雖判處母親兩年的懲役刑，但予以緩刑四年。

只要不受丈夫的負面影響，這位妻子應該就能改過自新。坪井法官是這樣判斷的吧。

自己也是一名母親的坪井法官應該是憑直覺知道，這位妻子今後會為死去的兒子祈求冥福，並且洗心革面扮演好一名母親，重新努力實踐認識丈夫以前的「正常的育兒方式」。

至於她的丈夫，則在另一場審判中被判處十二年的懲役刑，而且不予緩刑。

25

你不都是靠競賽馬賺來的錢過活的嗎？

擁有悠久傳統與輝煌成績的競賽馬牧場，發生了意想不到的刑事案件。比年過花甲的被告小23歲的法官對他說了什麼呢？

〔2016年10月7日　札幌地方法院浦河分院〕

遭步槍射殺的競賽馬

這裡有著不輸給其他牧場的輝煌榮耀。

這座北海道赫赫有名的競賽馬牧場，培育出許多名列日本中央競馬會（ＪＲＡ）殿堂馬的著名純種馬，然而某天卻發生了案件。

兩匹尚未出道比賽的年輕純種公馬，被人發現遭到射殺。周圍還發現四個彈殼，推測是用步槍發射。

小心翼翼培養的馬兒突然死於非命，牧場的工作人員都相當難過與害怕，不過他們仍打起精神像平常一樣繼續照顧其他的純種馬。

沒想到，在這起令人震驚的案件發生後過了數個月，再度傳來令人震驚的消息。這座牧場的老闆，因涉嫌射殺兩匹純種馬而遭到逮捕。

他是馬屍的「第一發現者」，也是報警的人。獲准持有的步槍原本是用來驅除野鹿等動物，沒想到他竟然把槍口對準了理應當成寶貝培養的競賽馬。

純種馬在法律上是「須愛護之動物」

某天晚上，牧場老闆在職場喝著悶酒，帶著醉意瀏覽法院寄來的破產手續相關文件。從前這座牧場出了許多名馬，多次獲得表揚，在業界可謂無人不知無人不曉。然而不知不覺間，牧場卻陷入資金周轉不靈的困境，最後終於被逼到破產。

老闆的自尊心肯定受到了重創，並且怨恨起自己的命運，忍不住自問「為什麼會變成這樣……」。

目光移向窗外，可以看到馬兒們正悠哉地吃著乾草。持續購買乾草也要花上許多經費。是不是因為酒勁上來了，才突然讓他情緒激動，覺得純種馬很可恨呢？

這座牧場創立於昭和時代初期，之後父傳子、子傳孫，就這樣傳到了第四代。如果說牧場飼養的馬是純種馬，這座牧場的老闆也是所謂的「有血統書的純種馬」。這段令人自豪的歷史就斷在自己這一代，想必也令他很不甘心吧。

老闆因涉嫌違反《槍刀法》與《動物愛護法》而遭到逮捕。當初是為了驅除野生的「害獸」，依《槍刀法》特別獲准持有步槍，這次卻是為了其他目的而使用步槍，故這個行為觸犯了「違反發射限制罪」，最高可處五年懲役刑。

另外，隨便殺害他人飼養的動物則是觸犯「毀損器物罪」，想必不少讀者都知道吧。而且馬跟犬、貓、牛、豬、雞等動物一樣，都是《動物愛護法》指定的「須愛護之動物」，因此就算是自己飼養的馬，隨便殺害的話一樣要受罰，最高可處兩年懲役刑。（譯註：須愛護之動物是指牛、馬、豬、綿羊、山羊、犬、貓、家兔、雞、家鴿、家鴨，以及其他人為飼養或管領的哺乳類、鳥類、爬蟲類。）

不過，對喜愛純種馬，又是生意夥伴的賽馬相關人士而言，這或許可以算是跟殺人差不多嚴重的重大案件了。

宣示判決後，勇敢勸誡被告的法官

牧場老闆在之前辦理破產手續的法院，以刑事被告的身分接受審判。負責這場審判的是大川恭平法官。

被告射殺的純種馬投保了損害保險。因為這個緣故，起初警方也推測，被逼到申請破產、經濟有困難的被告，可能是為了保險金才犯案。但是，當大川法官再次訊問犯案動機時，被告卻否認自己是為了保險金。

「我當時喝醉了。那時我覺得牧場會破產都是馬害的，才會忍不住想要洩憤。」

「真的很對不起。我對牠們做了殘忍的事。」

聽完這些陳述的大川法官，在宣判當天宣示處以被告一年懲役刑，不過特別予以緩刑。

大川法官嚴厲地指出，被告把破產的原因怪到馬身上而痛下殺手，其犯案動機應受到強烈譴責，而且馬是法律規定的須愛護之動物，被告卻踐踏馬的生命尊嚴，這是一種自我中心的犯罪行為。

不過，從犯罪性質來看，將來被告很難從事他想做的「動物相關工作」，可以認為他已受到一定程度的社會懲罰。因此，綜合審酌後，大川法官做出不需要立即入監服刑的結論，決定暫緩執行被告的懲役刑。

當時被告已過花甲之年，大川法官則是三十七歲。就算年紀比被告小，為了保護社會免於犯罪的危害，法官必須依法行使職權，審判被告、給予刑罰才行。

不過，如果用高高在上的態度對年長者講些人生大道理，有可能會被對方批評「明明是個不知世事的小伙子，擺什麼高姿態」。就是這個緣故，大部分的法官才會除了判決外不說多餘的話，只想平平淡淡地結束審判吧。

大川法官則不一樣。他把「不讓被告再犯」這件事擺第一，「不想被批評」的心情擺一旁，毅然決然地勸誡被告。

被告是家族經營的競賽馬牧場第四代老闆，因此他應該從小就被馬兒包圍，並且疼愛這些馬兒，與牠們分享喜悅才對。

「國中、高中與大學，你不都是靠競賽馬賺來的錢過活的嗎？如果你有想到這段受馬照顧的人生，應當就不會犯下這次的罪行了。」

大川法官鄭重其事地說，期盼被告別忘了對所有環境抱持感謝的心，好好走完今後的人生。這席話一定是在代替那些不會說話的馬兒，傳達牠們所處的立場吧。

26

「遭到逮捕還上了法庭，當然一點也不帥吧。」

迷人的高級跑車帶來不同層次的速度體驗。法官當庭提出問題：在這個社會上，「帥氣的大人」是什麼？

〔2014年3月13日　新潟地方法院〕

法拉利的誘惑

這說不定是一生一次的機會！

一想到這兒，他就按捺不住興奮的情緒。待會兒一定能享受到非比尋常的體驗，男子的心跳得飛快。

在朋友的邀請下，二十幾歲男子帶著交往中的女友前往會場，參加高級進口跑車「法拉利」的試乘會。

為了在賽車場上以超高速奔馳，製造商絞盡腦汁設計出來的流線型輪廓，正於陽光的照射下閃閃發光。一眼就能看出，車身比平時開的車要寬很多，車高則低很多。

「是不是很酷？是不是很棒？大家都只是忍著不說，無論哪個男人終究都還是想開法拉利啦。好了好了，你快坐上去試試看吧。」

朋友彷彿把試乘用的法拉利當成自己的車般炫耀，洋洋得意地招呼男子坐進試乘車內。

腳只是輕輕踩了一下油門踏板，法拉利就以超乎想像的速度往前衝，男子嚇了一跳趕緊踩煞車。

坐在副駕駛座的女友短促地尖叫一聲，雙手扶著儀表板，擺出護身的姿勢。「嚇我一跳。」、「沒事吧？」女友不安地連連說道。

男子喘了一口氣後，用腳尖輕輕點著油門踏板，謹慎地轉動方向盤，慢慢地將法拉利開到公路上。女友則一直望著窗外。

在十字路口等紅燈時，男子想起朋友說過「車速要加快，否則無法體會法拉利的真正實力」，於是從外套口袋裡拿出智慧型手機。

他按下錄影鍵，把手機卡在儀表板與擋風玻璃之間立著。然後，在紅燈變成綠燈的那一刻，用力踩下油門踏板。

猶如凶猛野生動物低吼似的引擎聲與震動頓時包圍著駕駛座。十字路口對面的直線道路轉眼間就逼近眼前。背部緊緊壓在座椅上的感覺令男子興奮不已，不禁露出笑容……。

向全世界發布超速的證據

男子在限速六十公里的一般道路上，以時速一百五十七公里的速度行駛，故以違反《道路交通法》（超速）之罪名遭到起訴，他在法庭上老實地認罪。

男子供稱，超速的動機是「一想到今後可能一輩子都沒有這種機會，我就忍不住加速了」、「想給女友看看自己帥氣的樣子」。

「違反車速限制」原本是最高可處六個月懲役刑的犯罪，不過實際上絕大多數的案件只要記違規點數與繳納罰鍰就能獲得饒恕。

原因在於，日本一年取締的超速案件多達一百萬件以上。如果每個違規者都要進行刑事審判，法院的功能就會癱瘓。

不過，本案的男子非常離譜地「超過速限九十七公里」，所以才要出庭受審，不能只繳罰鍰就了事。

「超速九十七公里」的決定性證據，就是男子上傳到影片分享網站的影像。

這段在網路上公開分享的影像，從駕駛座的角度清楚記錄了車子在一般道路上狂飆，街景以驚人速度向後流逝的情形。

男子就是在「想留下一輩子的回憶」這個單純的想法，以及「想看網友的留言反應」這種自我表現欲的作祟下，不小心向全世界發布自己的犯罪鐵證。

什麼是「帥氣」的大人？

負責本案的三上孝浩法官這麼指正男子。

「我不知道你開車的樣子是否帥氣，但像現在這樣遭到逮捕還上了法庭，當然一點也不帥吧。」

開著法拉利疾速奔馳，或許讓男子沉浸在一時的快感中。但是，他卻輕忽了後果。三上法官是在告誡男子，他的行為與想法「一點也不帥」。

要不要開跑車是個人的喜好。不過，若駕駛的方式有可能造成他人困擾或危害，那就另當別論了，這可不是喜好的問題。

此外，三上法官還向男子分享自己經歷過的小故事。

「我曾在街上看到駕駛得很安全的跑車，當下覺得『很帥』呢。」

男子聽完之後露出認真的表情，向三上法官表達反省之意：「從今以後，我不會再被朋友愆恿，也會勇敢表達自己的意見。」

怎樣才算帥氣，答案因每個人的價值觀而異。

無論答案為何，願意遵守公路的車速限制，也會禮讓行人的跑車駕駛，想必平常都是嚴格控制愛車驚人的潛在能力，努力與現實社會和諧共處吧。

這種態度，就跟三上法官給人的均衡感一樣。因為他並未胡亂行使自己擁有的、強大的國家權力，還在法庭上鄭重其事地勸誡，敦促被告改過自新。

27

就算被人稱讚或感謝，那也不是真的肯定你。

男子違法複製當紅動畫節目並不是為了錢。對於他的犯案動機，法官提出了什麼樣的「比喻」呢？

〔2008年7月7日　京都地方法院〕

犯案動機是「尊嚴需求」

住在神奈川縣的平凡上班族，某日突然遭到京都府警方逮捕。因為他涉嫌違法複製《機動戰士鋼彈》系列等當紅動畫節目，違反了《著作權法》。

男子每週都會使用檔案分享軟體「Share」，分享大約二十部動畫節目的影片檔案供大批使用者觀賞。而且，他還是免費分享檔案。

在日本，網路犯罪並不在警察分局的管轄範圍內，專門取締這類犯罪的單位是設在各都道府縣警察局（總局）內。不過實際上，日本各地的電腦犯罪都是由京都府警察局的「電腦犯罪對策課」破獲，因為該單位網羅了精通ＩＣＴ技術的各種人才，搜查經驗也很豐富。

這起案件的犯人，為什麼不惜冒著侵害原作者或製作公司著作權的風險，也想要跟其他人分享動畫節目呢？其犯案動機讓人摸不著頭緒。

現在有許多人會將已播出的電視節目，違法上傳到YouTube之類的影片分享網站上。不過，他們的動機不難理解，就是「為了賺廣告收入」。

反觀這起案件的犯人，卻是不惜冒著被警方逮捕的危險，將電視節目轉成影片檔案，再透過檔案分享軟體免費供人觀賞。這一連串的作業需要花費時間與勞力，可是犯人卻連一塊錢都沒賺到。

審判開始後，負責本案的佐藤洋幸法官便向被告仔細訊問犯案動機。這時，被告的真正想法終於逐漸明朗。

「當動畫在電視上播完後，自己如果能最早將檔案分享到Share就會很開心。」

「被別人稱讚是『職人』或『大神』，得到大家的感謝時自己會很開心。」

也就是說，他的犯案動機是「為了滿足自己的尊嚴需求」。

行為類似發送偷來的麵包

這種心情就跟在社群媒體上分享好看的相片或文章時，如果有朋友按讚就會很開心一樣。心理學家亞伯拉罕・馬斯洛（Abraham Maslow）主張，人類的需求可分成五個層次，其中尊嚴需求是由上數來第二個較高層次的需求。

據說只要滿足尊嚴需求，也就是得到「這個世界有自己的容身之所」、「自己在這個社會派得上用場」等實際感受，通常能夠獲得比收到金錢還要強烈的滿足感。相反的，尊嚴需求未獲得滿足的人，通常會受到自卑感、無力感、焦慮等情緒折磨。

關於這種為了滿足自己的尊嚴需求，使用檔案分享軟體散布動畫影片的犯罪行為，佐藤法官提出了這樣的比喻。

「這種行為不是非常類似偷了大量麵包，再免費發送給別人嗎？就算因此被人稱讚或感謝，那也不是真的肯定你。你只是代替他們做壞事，因而受到他們的關注罷了。」

發送偷來的麵包，與分享複製的動畫影片，其實是不同性質的行為。因為偷麵包的行為，就算是為了自己才做也是犯罪，但將動畫節目轉成影片複製下來的行為，如果只是為了自己才做就是合法的。

不過，在借他人之物讓自己獲得肯定，追求空虛的名譽這點上，兩者或許可以說幾乎是同性質的行為。

這位被告無論在工作上還是私生活，尊嚴需求似乎都鮮少獲得滿足。所以，在檔案分享軟體的社群內「活躍」，才會成了能夠確認自己的存在價值與容身之所的唯一機會吧。

後來宣判當天，佐藤法官宣示處以被告懲役刑，不過予以緩刑。當時被告似乎已被任職的公司開除了。為了改過自新重新做人，他必須找到新的容身之所才行。

就算代替別人做壞事來獲得讚美，那也不是真正的肯定——但願佐藤法官這席話，能夠成為被告未來的人生指引。

非常方便，但也相當危險的軟體

最後請容我針對「檔案分享軟體（P2P軟體）」進行說明。這種軟體是用來與他人互相交換文件、圖像、影片、應用程式等，在電腦上使用的各種檔案。

以日籍工程師開發的檔案分享軟體來說，具代表性的例子有「Winny」、「Share」、「Cabos」等。

其他用途類似的軟體還有「Dropbox」與「Google雲端硬碟」等，不過檔案分享軟體不是使用特定企業的伺服器，而是透過網路直接連結所有使用者的終端（電腦）。

也就是說，就算你沒有上傳檔案，別人也能夠使用這個檔案。只要開始使用檔案分享軟體，其他的使用者全都可以使用你保存在終端中的檔案，相對的，你也能使用其他的使用者保存在終端中的檔案。

檔案分享軟體剛開發出來時，被視為可大幅擴展網路可能性的革命性系統，然而在現代確實存有三個重大的不安因素。

（1）容易感染電腦病毒（惡意軟體）。

（2）有可能在不知情的情況下，抓到兒童色情影片這類光是持有就已違法的檔案。

（3）因違反《著作權法》（侵害向公眾傳播權）遭到起訴的風險很高。

（譯註：日本的「向公眾傳播權」相當於我國的公開傳輸權與公開播送權。）

因此，為了保護你自己，還是別使用檔案分享軟體喔！

28

家犬也是區域社會的一分子。
如果妳真的愛狗……

為了取締給鄰居添麻煩的飼主而採取下下策。放養20多隻狗的女性真實身分是？法官又是如何勸誡她呢？

〔2007年4月9日　奈良簡易法院〕

給附近鄰居添麻煩的狗屋

某天，警方前往奈良市某個寧靜的高級住宅區，進入兩層樓高的獨棟住宅展開搜索。

屋主是一名七十歲的女性。周邊的居民都稱她為「狗奶奶」，不過這絕對不是一個帶有親近感的稱呼。這棟房屋總是不停傳出狗叫聲，令附近鄰居非常困擾，所以警方才會接獲報案。

起初「狗奶奶」只養了兩隻狗，但因為牠們不斷自然繁殖，最多的時候一度增加到三十隻左右。

不知是不是決定放手不管了，從那個時候起「狗奶奶」就不再認真飼養。

例如不使用狗碗，而是拆開寵物飼料袋直接讓牠們吃。此外，穢物也放著不清理，導致房屋周邊瀰漫著惡臭。也許是因為「狗奶奶」不敢正視狗兒繁衍過多，自己再也照顧不過來的現實，才會想要視而不見。

雖然衛生所再三拜訪「狗奶奶」想要進行指導，她卻一直拒絕會面。最後終於有人向警方尋求協助。

不過，儘管給鄰居添麻煩，這畢竟是發生在私人住宅內的事。警方一直無法介入處理。

舉例來說，《動物愛護法》規定，「在堆積排泄物的設施，或擱置其他須愛護之動物屍體的設施，飼養自己管領的動物」屬於虐待動物之行為，飼主會遭到取締，最高可處一百萬日圓罰金。

但是，飼養的環境是否那麼惡劣，很難從住家外面判斷，因此暫時無法適用《動物愛護法》。

於是，警方提起的是「違反《狂犬病預防法》」之罪名。飼主未讓出生超過九十天的家犬接種狂犬病疫苗，或是沒給狗的項圈掛上預防注射證明牌，最高可處二十萬日圓罰金。

「狗奶奶」連狗的排泄物都不清理，當然也不可能專程帶狗到動物醫院，花錢讓狗接種疫苗，所以最後終於被人以違反《狂犬病預防法》的罪名告發。

「狗奶奶」的驚人經歷

「狗奶奶」的案子原本沒有舉行正式審判，而是透過「略式起訴」在非公開場合決定處罰，預計處以二十萬日圓罰金。

但是，「狗奶奶」不接受僅以略式程序解決這起案件，要求進行公開的正式審判，審理因而延長。

「狗奶奶」的真實身分，其實是已退休的法官，難怪她對審判制度也極為熟悉。

據說她趁著退休，從大阪搬到奈良，為了排遣住在新居的寂寞才開始養狗。從前的她是「法律守門人」，現在卻給鄰居造成許多困擾，也未善盡飼主最基本的義務，她的態度實在令人傻眼。

不過，因為舉行正式審判，負責本案的神山義規法官才能在宣示有罪判決，判處「狗奶奶」二十萬日圓罰金後，直接面對面勸誡這位法官前輩。

「家犬也是區域社會的一分子。如果妳真的愛狗，希望妳要有身為飼主的責任，為牠們準備合適的飼養環境，讓牠們能夠成為受到社區喜愛的寵物。」

人們常說家犬是「家人」，不過神山法官這席話，特別把狗定位為既是家人，也是「區域社會的一分子」。他是要勸導「狗奶奶」，在家裡持續給予狗兒最低限度的照顧，以及最低限度的管教，讓牠們能夠融入社區，與人們的生活和諧共存，不給鄰居添麻煩很重要。

不過，「狗奶奶」不服神山法官的判決，上訴大阪高等法院。不消說，就算上訴，結論還是一樣有罪。

宣判當天，「狗奶奶」並未出庭，不過高等法院的法官同樣請辯護人轉告她「希望妳好好管理自己的狗」。

狂犬病在日本已經「撲滅」了嗎……

狂犬病是一種致命的「人畜共通感染症」，一旦發病幾乎百分之百會死亡。人類若是被感染病毒的狗、貓或蝙蝠等動物咬傷，也有可能會被傳染。

不過在日本國內，自一九五七年（昭和三十二年）以後就不曾獲報狂犬病發病案例。放眼全球，像日本這樣能夠免於狂犬病恐懼的「清淨國」似乎也不多見。

這要歸功於得天獨厚的環境：日本是四面環海的島國，機場之類的場所有完善的檢疫制度，容易集中管理人類與動物的進出。但也因為這個緣故，似乎有越來越多飼主認為，完全不需要給愛犬施打狂犬病疫苗。

尤其室內犬較無咬人或被其他動物咬傷的危險性，因此飼主往往會輕忽《狂犬病預防法》的規定。實際上也有統計顯示，日本有二～三成的飼主未讓愛犬接種狂犬病疫苗（根據平成二十六年（2014年）厚生勞動省的調查，全日本的接種率為百分之七十一點六）。

不過，近年造訪日本的外國人迅速增加，因此不知道狂犬病病毒會經由什麼途徑傳入日本國內。狂犬病清淨國的「神話」隨時都有可能破滅，實在不能掉以輕心。

29

「接下來別再說這句話了好嗎。
別用方便的說詞逃避……」

被告是趁東日本大地震造成災害時闖空門的竊盜犯。聽了被告跳針似的回答後忍不住插嘴的法官提出了什麼建議呢？

〔2012年8月17日　福島地方法院〕

居民全都消失的城鎮

日本這個島國說大不大，但地球上的地震，約有一成就發生在日本的領土與近海上。既然住在日本，就註定得過著與地震為伍的生活。

二〇一一年三月十一日下午兩點四十六分，震源位在岩手縣三陸沖深海、地震矩規模九點零的大地震突然侵襲東日本。不久，高度超過十公尺的大海嘯，接連吞沒了東北地區東海岸沿線的街道景物。

此外在地震與海嘯的影響下，東京電力福島第一核電廠的核子反應爐陸續發生爐心熔毀與氫氣爆炸等事故。核子反應爐內的放射性物質化為微粒子分散在大氣中，就連災區以外的居民都感到不安。

最後日本政府以福島第一核電廠為中心，將半徑二十公里內的區域列為「警戒區域」，禁止任何人進入。這是日本史上頭一遭，將這麼大範圍的國土設為禁入區。

住在警戒區域的災民因而暫時無法回家。警戒區域內的町與村，就這樣化為杳無人煙的鬼鎮。

二〇一三年警戒區域剛解除時，我曾租車前往當地，踏進兩年多來居民都無法進入的地區。

那裡可以看到外來種的雜草鑽出柏油路面，生長得十分茂密，公園的溜滑梯爬滿了蔓藤。某家理容院招牌上的時鐘，指針仍停在兩點四十六分。

此外，自動販賣機的投幣口被人用某種工具亂撬，民宅的玻璃窗或捲門也遭到無情破壞。到處殘留著令人目不忍視的犯罪痕跡，估計是在福島核災後大約兩年內發生的。

災民偷災民東西的惡夢

這種趁著大災害引發混亂之際犯下竊盜等罪行的人，就是所謂的「趁火打劫者」，會遭到社會大眾強烈的譴責。

絕大多數的趁火打劫者都是從災區之外的地方跑來。這些平時就暗中組成竊盜集團的「專業」人士，在地震發生後不久就迅速鎖定目標，接著從關東或關西出發，最遠還有從廣島那邊前往無人的災區大肆搜刮。

不過，其實也有不少案例是住在東北的當地居民，闖入無人的警戒區域或海嘯災區到處偷東西，只是報紙或電視等媒體鮮少報導。

災民洗劫其他的災民。簡直就像是把對方當成同伴或自己人，結果卻遭對方暗算一般，這種令人心痛的趁火打劫案件，我也帶著震驚的心情旁聽了好幾場審判。

以下就介紹其中一件案子的審判。

一時興起趁火打劫的五名年輕人

五名住在福島縣內的十八歲到二十一歲男子，依共同竊盜之罪名遭到逮捕。他們涉嫌闖入福島縣警戒區域內的多棟受災空屋，至少偷走大約三萬日圓現金，以及市價約七十萬日圓的大量家電產品。

五人是柏青哥同好，因為「想要玩樂的錢」、「警戒區域內沒有人，就算偷東西也不會被發現」等理由，抱著輕率的態度犯案。五人當中有三人未遭到起訴，只有年過二十的兩名主嫌接受審判。

由於他們的餘罪很多，再加上有些警察被派去幫忙重建災區，導致福島縣警方的搜查進度緩慢，因此從逮捕到進入訊問被告程序，總共花了一年多的時間。

檢察官針對犯罪的細節與動機，一再訊問兩名被告。

「你們的行為，就是所謂的趁火打劫。為什麼要侵入住宅（空屋）行竊呢？」

「真的很抱歉。當時的想法太輕率了。」

「沒有理由嗎？」

「當時我們覺得，要是有更多錢就好了。」

「就算想要錢，你們應該知道有些事可以做，有些事不可以做吧。即使有人提議去行竊，年紀比較大的你們不是應該扮演勸阻的角色嗎？」

「……我覺得自己太輕率了。」

「為什麼沒能阻止這件事發生呢？」

「…………我覺得是因為自己太輕率了。」

這時，負責本案的加藤亮法官打斷這段跳針似的問答，插嘴說道。

「你從剛才就只會說『自己太輕率』，接下來別再說這句話了好嗎。能不能請你別用『當時的自己太輕率』這種方便的說詞逃避，現在好好面對自己犯的錯認真回答問題呢？」

或許是因為本來就沒有經過深入思考，抱著半分玩樂的心態輕率地犯案，被告本身似乎也很煩惱，不知該如何說明當時的動機。

不過，聽到辯護人、檢察官與法官提及趁著地震災害犯案的嚴重程度與卑劣程度，兩名被告終於露出認真的表情。最後，他們發誓會向受害者道歉，並盡可能賠償對方的損失。

審理期間突然發生餘震……

訊問被告的程序剛結束不久，整個法庭就發出咯吱咯吱的聲響並且搖晃起來。當時，日本還在持續發生東日本大地震的餘震。加藤法官見狀便從審問席上起身，冷靜地提醒在場的眾人。

「各位旁聽人，請小心留意。檢察官與辯護人，螢幕的正下方很危險，請遠離那裡。」

法庭左右兩邊的牆壁各設置了一面舉行國民法官審判時，用來播放影片簡報的大螢幕。由於螢幕設置在頭上的高處，要是被地震搖到掉下來，有可能會砸到辯護人或檢察官的座位，所以確實需要注意。

即使在緊急時刻，加藤法官仍能冷靜觀察整個法庭，做出細心準確的判斷。

30

「畢竟我的工作，
就是不讓你再次犯罪。」

長壽熱門節目的前固定班底被人發現使用大麻。面對一再答非所問的被告，法官堅持不懈地訊問。

〔2006年9月13日　東京地方法院〕

在高收視率的電視節目上演出

一位容貌端正的年輕人，正彎著高大的身軀坐在椅子上，交握著雙手等待開庭時間。每當有人走進旁聽席，他就會轉頭看向入口，或是焦慮地動一動手指，看上去一副心神不寧的樣子。

這位外籍藝人直到那一年的春季為止，都在富士電視臺的長壽熱門節目《笑一笑又何妨》中，擔任助理主持團體「又何妨青年隊」的成員。某天他違停在東京六本木的街道上，被前來盤查的警察發現車內有大麻樹脂（哈希什），因而遭到逮捕及起訴。

根據檢方的偵查，他第一次使用大麻是在高中時期，後來就經常在運動咖啡廳之類的地方向毒販購買，然後混在香菸裡吸食。

縱觀世界，持有大麻的行為在法律上是否有罪因國而異。有些國家是有條件的合法化，不過在日本與該藝人的母國皆視為應取締的犯罪。

被告的親生父親以品格證人的身分出庭，準備向法官證明被告將來有可能改過自新。據說他是在外國通訊社的日本分社擔任副分社長的新聞工作者。父親還拜託母國的親戚、朋友、被告的大學校長等人，收集了好幾封減刑請願書交給法官。

他還表示「這些只是其中一部分。我還能再提供更多的請願書」。

接著，父親在法庭上斬釘截鐵地說：「小犬從來不曾在我們這些家人面前吸食大麻。」此外他也同情兒子的境遇，替兒子說情。據說被告因為難以兼顧大學學業與演藝工作，再加上還必須在綜藝節目上搞笑，有段時期曾為了壓力問題必須定期看醫生。

前「又何妨少女隊」的女諧星渡邊直美也曾在某電視節目上說過：「正式錄影的時間是中午，但我們一大早就得抵達位在新宿的攝影棚裡。」如果星期一到星期五，從早上到下午都被綁在攝影棚裡，那麼要兼顧「又何妨青年隊」的工作與大學生活確實有可能很困難。

被告的說詞漸漸變得不同……

接著要對當事人進行訊問被告程序。（譯註：日本的訊問被告程序，是先由辯護人進行主訊問，再由檢察官進行反訊問，最後若有需要再由法官進行補充訊問。）

面對辯護人的提問，他先是為自己犯下的過錯表達反省與後悔之意，以及對家人的歉意，然後老實地說：「希望你們能讓我繼續住在日本。因為日本是我的第二個母國，是我最喜歡的國家。」

接下來，由檢察官進行反訊問。檢察官問：「你是因為發生了令心情沮喪的事，想要改變心情，才使用大麻的嗎？」被告回答：「我不是很清楚，不過使用大麻並不會讓我的心情變好。」

檢察官繼續問：「那麼你的意思是，心情沮喪與使用大麻之間是無關的嗎？」被告回答：「不是這樣的，我的意思是，我要兼顧工作與學業，才會在行程非常密集時忍不住使用。但是，我不會在工作的時候吸食。」

不知是不是對這段答非所問的回答感到不耐煩，負責本案的青柳勤法官用有點強硬的語氣補充訊問。

「被告，能不能請你回答得更簡潔一點？總之，檢察官是在問你持有大麻的原因。兼顧工作什麼的不是持有大麻的原因吧？」

不容許被告含糊其辭的法官

青柳法官整理問題點，並且接二連三地發問。他與被告一來一往地進行問答。

「首先，你都是在工作忙碌時使用大麻嗎？Yes或No？」

「不是。」

「那麼，你使用大麻的原因是？」

「我自己也不清楚。」

「這樣啊。你的供述筆錄上寫著，除了大麻之外你還使用過其他藥物……例如古柯鹼、MDMA（搖頭丸）等，你喜歡這類東西嗎？」

「只是試試看而已，沒有特別喜歡。MDMA不符合我的喜好，所以只用過一次。古柯鹼也是只用過一次。」

「過著正經生活的人，通常不會思考要不要試，也不會去碰這種東西，為什麼你會想要嘗試呢？」

「我是出於好奇才嘗試看看，這跟殺人或強盜之類的其他犯罪不一樣。所以我希望法官明白，家裡使用大麻的人只有我而已。」

「我沒有在問你的家人呀，請直接回答我的問題就好。為什麼你會對這種東西感到好奇呢？」

「我會感到好奇，是想知道效果。」

「你今年二十四歲（審判當時）吧，已經是個成年人了吧？而且你也受過教育，還是頗受歡迎的藝人吧。可是我卻覺得你的生活過得很靡爛呢。」

「我不曉得自己的生活算不算靡爛，也不明白法官為什麼這麼說。」

「不要再犯了喔，再犯的話就要請你坐牢了。雖然我說的話有點嚴厲，但畢竟我的工作，就是不讓你再次犯罪。」

被告的父親說，「為了兼顧學業與演藝工作而累積壓力」可能是使用大麻的原因。當事人一開始也是這麼說明。

但是，經過辯護人、檢察官以及青柳法官的訊問後，逐漸發現證詞與事實不符。坐在旁聽席的父親也難掩慌張的情緒。

不容許推卸責任或含糊不清的回答，要被告正視自己犯下的行為，藉此促使被告在未來改過自新重新做人是刑事審判的作用。話說回來，敢斬釘截鐵地說「我的工作是不讓你再次犯罪」的法官不僅罕見，也讓人覺得可靠。

結語

來自看守所的信

這已是將近八年前的事了。一封信經由某出版社的編輯部送到了我的手上。我將信封翻到背面一看，發現寄件人的住址是岐阜縣的看守所，不由得嚇了一跳。

這位寄件人表示，他在職場持續遭受不合理的對待，因而罹患心理疾病，最後犯了罪。遭到逮捕後，他就一直在看守所裡過著羈押生活。某天，負責為他辯護的公設辯護人送了一本書給他，那本書居然就是我的出道作《法官不吐不快的內心話》（博雅書屋）。

而且，信上還說「之後要負責審判我的人，就是發言被節錄在這本書裡的室橋雅仁法官」，再度令我吃了一驚。

本書的第十七章與第十八章也介紹了室橋法官的審判案例。他是我個人非常喜歡、「想給他審判的法官」之一。

既然即將被這位室橋法官審判的被告都專程寫信邀請我旁聽了，我當然趕緊排開行程，親自前往岐阜的法院，從初審開始旁聽那位被告的審判。

宣判當天，室橋法官宣示被告必須入監服刑，接著對他這麼說：「我認為，你的本性並不壞。將來有家庭時，請你成為一個能聽到孩子說『真慶幸這個人是我爸爸』的人。」

雖然我不知道室橋法官這席話，帶給那位被告多大的感動，不過他很認真服刑，因而獲得假釋機會，得以在徽役刑期滿之前提前出獄。現在我們還有往來，他偶爾來東京時，我們會一起到烤雞串店或酒吧喝酒，我也會帶他去圖書館或書店逛逛。

我把這件事，視為室橋法官為我們牽起的珍貴緣分。最起碼，他已經服完法律定下的刑罰，贖完自己的罪了。

容不下犯罪經歷的社會，危險性反而更高

就算對方曾經犯過罪，只要他已經反省，也好好地贖罪了，那麼若是跟自己合得來我就會與他往來，如果合不來關係自然會逐漸淡去。我認為事情就是這樣罷了。相反的，沒有前科但「討厭到不想再見到他」的人，我也認識好幾個。

然而現實中，有時即便已贖完罪也出獄了，卻只因為有前科，這個社會就對當事人展現出比監獄還要嚴苛的敵意。不消說，有前科的話求職時會非常不利。當中也有人就此成為居無定所的遊民或是網咖難民。就算隱瞞前科找到了工作，必須不斷說謊的罪惡感也會侵蝕心靈，萬一被人發現說謊還有可能遭雇主委婉地開除。

社會上也有「協力雇主」這種急公好義的經營者，積極僱用有前科的人。值得慶幸的是，近期協力雇主的人數迅速增加，二〇一八年全日本的登記人數已超過兩萬人，可惜的是業種以營造業居多，而且實際僱用有前科或前案紀錄的人作為員工的協力雇主，只占整體的百分之幾而已。因此可以說，日本社會仍未做好萬全的準備接納有前科者，為他們提供充足的工作機會。

由整個社會分擔及接納犯過罪的人，而不只是交給專家，其實也能為我們的平穩生活帶來保障。

事實上，有前科的人若是找不到工作，家人也放棄他們，還失去社會的支持，那麼就算為了生存下去而採取齷齪手段也是可以理解，最後就會導致他們再度犯罪。若是再犯的受害者是你，也並非什麼難以想像的事。

不過，如果是有殺人或性犯罪前科的人，當對方在眼前跟自己面對面時，我應該也會全身僵硬充滿戒心。至於原因很難理性說明，只是我覺得跟其他犯罪相比，這兩者的「性質」並不同。

如果他們要回歸社會，社會應該要如何迎接他們呢？我認為，我們不能繼續對這個問題漠不關心。因為對社會的怨恨，會使得他們在心裡將自己的犯罪行為正當化。

旁聽審判的建議

閱讀本書的讀者，感謝你一路看到這篇〈結語〉，對我而言這也是一種寶貴的緣分。我想趁這個機會推薦大家，就算只有一次也好，可以親自前往離家最近的法院看看。

法庭一般在工作日的上午十點至下午五點開放。上班族可能很難抽空過去看看，不過旁聽不需要預約，也不需要辦理申請手續及支付任何費用。你可以在審理途中進入法庭，或是中途離場，只要保持安靜即可。其實，法院是個比想像中還要開放的地方。

服裝基本上也沒有特別規定，不過在法庭裡建議摘下帽子或是脫掉大衣之類的外套。

只要記得把手機關機（或是轉為飛航模式），安靜坐著不要飲食就好。

法庭的旁聽席與審理的地方，是用低矮的柵欄作區隔。不過，柵欄的另一邊絕對不是另一個不同的世界。因為在那裡進行審判的犯罪，就是實際發生在我們所生活的時空之中的事。

（譯註：我國的法庭基本上同樣可自由旁聽，相關規定可參考「法庭旁聽規則　https://law.moj.gov.tw/LawClass/LawAll.aspx?pcode=A0030170」。）

那裡有手機不會呈現的真相

我們都只看「想看的現實」，尤其是在網路上。推特（現為X）、Facebook與YouTube這些社群媒體，也都進化成能夠只看到自己想看的東西。

不過，我也感覺到其中的危機：習慣觀看這種能自動接收資訊、有趣又方便的社群媒體後，身為社會人士的視野會變得越來越狹隘。因此有些時候，我也會想趁著旁聽審判這種「能夠強制呈現不想看的現實」之機會，將自己面對社會的視野調整清晰。

各位要抱著看熱鬧的心情旁聽，或是用設身處地的態度旁聽都可以。不過，能夠尊重法庭這個地方，並以「人生會發生什麼事，誰也料想不到」為前提，設身處地理解被告境遇的旁聽人，似乎更能在步出法庭以前擁有許多收穫。

能夠在現場觀察法官、檢察官與辯護人，對被告提出什麼樣的問題、說出何種令人印象深刻的話語，絕對是旁聽審判的樂趣。

我相信，只要有越來越多的人關注審判的結果，了解到除了自己以外世上還有各式各樣的人生與價值觀，那麼寬容且正向的氣氛便能蔓延開來，我們的社會就能前進到下一個階段。

人要審判別人固然困難，但人要原諒別人也很難。

不過，日本似乎原本就對脫線的人、喝醉的人、缺乏知識的人，或是食慾、色慾、睡慾很強的人比較容忍，會覺得「真拿他沒辦法」，或者應該說長久以來大眾都期望社會瀰漫這種容忍的氣氛。這點也能從古典落語的段子等作品窺見一斑。

當然，身為社會人士，違法犯罪是絕對不能做的事。除了受害者以外，想要嚴厲譴責這種行為的人，也可以發揮正義感譴責。不過，希望大家一定要看完審理犯罪、決定處罰的審判結果，這是抨擊嫌犯的人應該要負起的責任。

在法庭上，或許會聽到深刻的反省與道歉的話語。案件的背後，或許有著貧困、霸凌、歧視、暴力等我們的社會一直解決不了、嚴重且不合理的課題。

即使那是你不想看的現實，也請你一定要看到最後。不光是審判，只要我們一直迴避不想看到的現實，躲進自以為是的假想裡，日本這個社會就絕對不會有光明的未來。更何況，那位遭到社會大眾譴責的嫌犯，也有可能是被冤枉，只是因為出了什麼差錯才會遭到逮捕。

不嫌棄的話，希望我們還能在下一本著作中再會。真的非常感謝你讀到最後。

長嶺超輝

本書收錄的「名審判」資訊，除了來自作者自己的審判旁聽紀錄外，還參考了讀賣新聞、朝日新聞、每日新聞、日本經濟新聞、共同通訊、時事通訊、北海道新聞、東京新聞、北國新聞、中日新聞、西日本新聞、佐賀新聞等媒體的採訪報導。

另外，在各案件的事實關係上，有些部分僅能從審判的證據等線索得知片段，為了順暢地進行說明，作者有時會自行增添情節來填補缺少的部分，敬請見諒。希望這本根據審判紀錄寫成的非虛構短篇集，能獲得各個領域的讀者喜愛。

*本書為《法官沁人肺腑的教誨》（書名暫譯，河出書房新社，二〇二〇年二月於日本出版）的更名新版。

國家圖書館出版品預行編目(CIP)資料

那些案件，如果能遇見這樣的法官：正義之後、審判之外的法庭人情故事/長嶺超輝著；王美娟譯. -- 初版. -- 臺北市：臺灣東販股份有限公司, 2024.12
208面；14.7×21公分
ISBN 978-626-379-667-6(平裝)

1.CST: 法官 2.CST: 審判 3.CST: 通俗作品

589.6　　113016666

那些案件，如果能遇見這樣的法官

正義之後、審判之外的法庭人情故事

2024年12月1日初版第一刷發行

作　　者　長嶺超輝
譯　　者　王美娟
特約編輯　曾羽辰
封面設計　水青子
美術設計　林佩儀
發 行 人　若森稔雄
發 行 所　台灣東販股份有限公司
＜地址＞台北市南京東路4段130號2F-1
＜電話＞（02）2577-8878
＜傳真＞（02）2577-8896
＜網址＞https://www.tohan.com.tw
郵撥帳號　1405049-4
法律顧問　蕭雄淋律師
總 經 銷　聯合發行股份有限公司
＜電話＞（02）2917-8022